KB219965

팔복八福
그리고
또 하나의 복
－이것이 그리스도인의 삶이다－

크리스천 성장 시리즈 1

팔복八福
그리고
또 하나의 복

−이것이 그리스도인의 삶이다−

김윤홍 지음

그린아이

그리스도인들은 성경을 알아야 하고 신학을 이해할 수 있어야 합니다. 그래야 자기가 누구인지 뚜렷한 정체성을 가지게 되며, 자신이 서 있는 위치를 알아 의미있는 인생을 살 수 있을 것이기 때문입니다. 자아발견과 정체성 확립은 하나님을 만날 때 가능한 일입니다. 이때 사람들은 인생을 살면서 각자에게 부여된 은사에 따라 헌신하며 신앙생활하는 기쁨을 누리게 됩니다. 또한 분명한 통찰력과 분별력 있는 그리스도인이 되어 선한 영향력을 발휘하여 많은 사람들을 옳은 길로 인도할 수 있을 것입니다.

필자는 부족하지만 지난 40년 동안의 설교와 본인의 깨달음을 감히 여러분 앞에 내놓고 공유할 수 있기를 원하며 출판을 준비하였습니다. 특히 쉽게 다가설 수 있고 공감할 수 있으며 삶에 적용함으로 영적 성장과 성숙에 도움을 드릴 수 있게 되기를 기도합니다.

"이것이 그리스도인의 삶이다"라는 부제의 이 책은 마태복음 5, 6, 7장의 산상보훈 가운데 마태복음 5장 1-12절의 '팔복(八福)'에 한정된 것으로, 성도들에게 전한 메시지를 정리한 것입니다. 독자들의 삶을 변화시키는 놀라운 성령의 역사하심을 기대합니다.

본문의 "복이 있도다" 하신 '복'은 세상 사람들이 일반적으로 생각하는 세속적이며 물질적인 차원이 아니라 인격적이며 영적인 복을 의미합니다. 동시에 하나님이 복의 근원이심을 가르쳐주며 우리가 추구해야 할 '복 있는 자의 삶'이 어떠해야 함을 보여줍니다.

이 글이 예수 그리스도를 사랑하는 모든 분들에게 작은 기쁨이라도 안겨줄 수 있기를 간절히 바랍니다.

2023년 새봄에
두물머리에서 김윤홍 목사

차 례

들어가는 글

산상보훈은 시대와 국가, 신분과 남녀노소를 초월하여 모든 그리스도인들이 천국백성으로서 어떻게 살아야 하는지를 가르쳐 주는 복음의 진수(眞髓)입니다. 우리의 시민권은 하늘에 있습니다.(빌3:20) 이 하나님나라는 거듭난 자들만이 들어갈 수 있습니다.(요3:3,5)

산상보훈의 본론에 들어가기에 앞서 먼저 예수 그리스도께서 즐겨 사용하셨고, 복음서에 자주 등장하는 천국(天國)에 대한 개념이해가 필요합니다. 천국이란 세 가지 개념으로 이해할 수 있어야 합니다.

첫째, 천국을 공간개념으로 이해해야 합니다.
이는 예수께서 처소(處所)를 예비하러 가신다고 하신 하늘나라이며(요14:2,3) 현재 이 땅에 살고 있는 우리들의 입장에서 미래의 천국인 것입니다.

둘째, 천국을 통치개념으로 이해해야 합니다.
천국은 하나님께서 다스리시는 모든 영역(領域)인 것입니다. 흔히 심령천국, 가정천국, 교회천국을 말하는 것은 현재적인 천국, 영적 천국으로서 이 통치개념에 속한다고 할 수 있습니다. 이 천국은 왕이신 예수 그리스도의 오심(초림, 初臨)으로 시작되었고(마4:17,28:18) 재림으로 완성될 것입니다.

셋째, 천국을 시간개념으로 이해해야 합니다.

천국은 현재적이며 또한 미래적입니다.(마12:28, 벧후 3:3, 계21:1, 롬8:21) 현재적이라는 말은 하나님의 통치의 관점에서 현재에도 계속 진행 중이라는 것입니다. 미래적이라는 말은 예수 그리스도의 재림으로 완성될 하나님나라를 말하는 것입니다. 산상보훈에서는 천국에 들어가는 것을 생명에 들어가는 것으로 표현하고 있습니다.(마7:13) 마가복음 9:45,47에서 하나님나라와 영생은 같은 의미입니다. 신약성경은 천국, 하나님나라, 생명, 영생을 같은 의미로 사용하고 있습니다.

예수 그리스도는 이 천국복음을 전파하기 위해 오셨습니다.(마4:23) 산상보훈의 메시지 역시 천국복음인 것입니다. 각 나라마다 법이 있듯이 산상보훈은 천국백성의 삶의 규범을 보여줍니다. 일반적으로 마태복음 5, 6, 7장을 '산상보훈(山上寶訓)'이라 합니다. '산에서 가르치신 보배로운 교훈'이라는 뜻입니다.(마5:1) 또 제자들에게 가르치신 이 말씀이 예수님의 모든 교훈의 핵심과 본질 그리고 복음의 진수를 함유하고 있다는 뜻에서 '산상수훈'이라고 부르기도 합니다. 또 이 말씀이 누가복음 6:13과 비교해 볼 때, 12사도를 택하신 직후라는 점에서 '12사도의 임명설교'라 이름하기도 합니다. 또 이 말씀의 내용이 그리스도인들의 삶이 어떠해야 하는가를 다루고 있다는 점에서 '그리스도인의 윤리강령'이라 말하기도 합니다. 또한 이 설교가 왕이신 예수 그리스도께서 천국의 새 율법을 선포하신 것이라 하여 '천국의 대헌장'이라고 말하기도 합니다. 본문을 기록한 마태는 예수 그리스도의 가르침을 사건중심이나 시간의 경과에 따라 기록한 마가복음이나 누가복음과는 달리 교훈을 중심으로 기록하였다는 특징을 가지고 있습니다.

팔복에서 반복되는 '복'이라는 개념에 대한 이해는 팔복을 이해하는 핵심적인 방법이라고 할 수 있습니다. 시편 첫째 편의 "복 있는 사람은~"이라는 '아쉐레(Ashere)'는 히브리어 단어로, 마태복음의 "복이 있나니~"의 '마카리오스(Makarios)'라는 헬라어 단어와 동일한 표현입니다. 복되다, 복들이 있다(blessed, happy)는 감탄사로 시적 표현입니다. 예를 들어 마태복음 5:3을 직역하면 "복이 있도다! 심령이 가난한 자여 천국이 저희 것이로다."

라고 번역할 수 있을 것입니다.

　본문의 복이란 단어 '마카리오스'는 일반적으로 세상 사람들이 추구하는 부귀영화, 무병장수, 출세, 성공 등 물질적이며 외형적인 세속적 의미의 복의 차원이 아닙니다. 하나님께 속한 사람의 복됨을 나타내는 용어로 내면적이고 인격적이며 영적인 의미를 가지고 있습니다. 이 복은 하나님과의 바른 관계와 하나님과의 교제를 통해 주어지는 것으로 외적인 조건이나 환경을 초월하는 것입니다. 특히 복 있는 자라는 말씀이 현재형이라면 그들이 받을 상급은 미래형으로 묘사되어 있는 것은 완성될 천국이 시간적으로 미래에 속한 것임을 알게 합니다.

　팔복은 그리스도인이 추구해야 할 삶과 삶의 태도, 궁극적으로 갖추어야 할 인격으로서 심령의 가난, 애통, 온유, 의에 주리고 목마름, 긍휼, 마음의 청결, 화평케 함, 주님을 위한 고난 등을 8가지 덕목으로 구분하고 있습니다. 그것들은 서로 연관되어 있으며 점진적인 과정을 통해 성화에 이르는 단계로 사다리 개념으로 이해할 수도 있습니다. 이러한 덕목들은 타고난 기질이거나 수행과 같이 후천적인 노력으로 얻어지는 것이라기보다는 성령에 의해 변화되고 성령에 의해 새롭게 된 삶의 태도이자 영적 자질이라 할 수 있습니다. 세상 사람들은 분명 심령의 가난이나 애통을 원치 않으며 온유보다는 자존심과 자기 고집을 내세우며 살아갑니다. 그리스도인들조차 핍박을 당하기보다 타협을 추구하는 경향이 다반사입니다. 그 결과 신자와 불신자의 차이가 잘 드러나지 않습니다.

현대사회는 교회와 가정이 세속화되어 가고 있고 교회와 세상의 경계선이 점차 희미해져 가고 있습니다. 그러나 진정한 그리스도인들의 추구는 비(非)그리스도인과 달라야 합니다. 그리스도인이라면 먼저 그의 나라와 그의 의를 구하는 자라야 합니다. 개인의 욕망추구가 아니라 하나님과의 바른 관계를 형성하면서 참된 행복을 추구하는 자가 되어야 할 것입니다. 천국을 소유한 자라야 진정으로 복 있는 사람이라 할 수 있기 때문입니다. 이제 성령의 인도하심을 따라 천국에 이르는 참된 삶의 길인 그 여덟 계단을 올라가 봅시다.

I 심령이 가난한 사람

"심령이 가난한 자는 복이 있나니
천국이 그들의 것임이요."

"복이 있도다! 마음이 가난한 자여,
천국이 저희 것이로다!"

一福

하나님을 모르거나 하나님과 상관없이 인생을 살아가는 사람들은 심령(心靈)의 가난이나 애통을 원치 않습니다. 온유보다는 자기 감정과 아집을 드러내며 하나님의 의(義)보다는 자기 욕구와 욕망이 우선입니다. 긍휼과 자비보다는 복수할 기회를 찾으며, 마음의 청결보다는 자신의 부끄러움과 더러움을 합리화하며 적당히 얼버무리며 덮고 넘어가는 식의 삶을 살아갑니다. 평화를 원하는 것처럼 보이지만 실제로는 평화보다는 전쟁을 더 선호하고 있습니다. 지구상에 있는 거의 모든 나라에서 종교나 이념, 인종과 국경 문제 등 자기 우월감이나 경제적 이익과 관련된 문제로 인해 끊임없이 분쟁이 일어나고 있는 현실이 그 증거입니다. 힘의 경쟁에서 우월적 지위에 있는 종교나 국가에 의해 박해를 당하기보다는 적당한 타협을 시도하며 살아갑니다. 기독교적인 성향이 강한 나라일지라도 성경의 가르침과는 무관하게 강대국의 자존심과 이익을 내세우는 경우가 많습니다. 사대주의라는 공존과 공생의 정치적 논리로 적당히 얼버무리며 합리화합니다.

그러나 참된 그리스도인들은 천국의 시민권자로서의 정체성을 갖고 하나님나라와 의를 추구하며 살아갑니다. 하나님과의 바른 관계 속에서 행복을 추구합니다. 번쩍이는 세상 영광에 도취되지 않고 천국지향적인 인생을 살아갑니다. 가난과 눈물, 배고픔과 고난당하는 것이 어찌 복이라 할 수 있을까요? 우리는 이러한 진리를 역설적 진리라고 말합니다. 그 예를 얼마든지 성경에서 찾아볼 수 있습니다.[1]

---

1) 나를 위하여 자기 목숨을 잃는 자는 얻으리라.(마10:39), 누구든지 제 목숨을 구원하고자 하면 잃을 것이요(마16:25), 무릇 내게 오는 자가 자기 부모와 처자와 형제와 자매와 및 자기 목숨까지 미워하지 아니하면 능히 나의 제자가 되지 못하고(눅14:26), 한 알의 밀이 땅에 떨어져 죽지 아니하면 한 알 그대로 있고 죽으면 많은 열매를 맺으리라. 자기 생명을 사랑하는 자는 잃을 것이요, 자기 생명을 미워하는 자는 영생하도록 보존하리라.(요12:24,25), 징계를 받는 자는 복이 있나니(욥5:17), 주는 것이 받는 것보다 복이 있도다.(행20:35) 등.

성경의 모든 말씀이 그러하지만 특히 산상보훈을 이해하는 데 있어서 세속적인 가치나 물질적인 시각으로는 본문의 의미를 올바로 이해할 수 없습니다. 예수 그리스도의 메시지는 현실보다 천국에 집중되어 있기 때문입니다. 성경이 가르치는 참된 복은 영적 차원에서 이해할 수 있는 것으로 성령의 깨닫게 하심으로 신령한 눈이 떠져야 비로소 이해할 수 있기 때문입니다. 그렇다고 예수 그리스도가 실현 불가능한 이상주의적 논리를 전개한 것은 아닙니다. 이단 사이비집단의 가르침처럼 궤변을 말하고 있는 것이 아닙니다. 산상보훈의 가르침은 충분히 이해될 수 있고 실천할 수 있는 윤리이기 때문입니다. 그러므로 이 말씀을 읽는 눈과 듣는 귀가 복되다 할 것입니다.

▶1. 심령이 가난한 사람이란?

심령의 가난(the poor in Spirit)은 물질적인 또는 경제적인 가난을 말하는 것이 아닙니다. 용기가 부족하거나 의지가 약한 것을 말하는 것도 아닙니다. 가난하다는 헬라어 프토코스(ptochos)는 외부의 도움이 없이는 생존할 수 없는 아주 가난한 사람을 말하는 것입니다. '낮고 천하다', '겸손하다'라는 의미를 가지고 있습니다. 본문의 '심령의 가난'은 영적으로 가난한 자, 곧 자아가 꺾어진 겸손한 사람을 의미합니다.

▶ 2. 심령이 가난한 사람의 특성

1) 하나님 앞에서 자기의 죄인 됨을 깨닫고
겸손히 자기를 낮추는 사람입니다.

시몬 베드로처럼 "주여 나는 죄인이로소이다" 하고 주님 앞에 엎드리는 사람입니다.(눅5:8) 세리와 같이 하늘을 우러러보지도 못하고 가슴을 치며 "하나님이여, 나를 불쌍히 여겨 주옵소서. 나는 죄인이로소이다." 하고 고백하는 사람입니다.(눅18:13) 하나님 앞에서 자아를 발견한 사람입니다. 자아발견은 모든 인생문제의 해결책입니다. 자신의 부끄러운 모습을 숨기며 합리화하다가 스스로 모순에 빠지기보다 "내 모습 이대로 주 받으옵소서!" 하고 하나님 앞에 나아오는 것이 인생의 가장 아름다운 모습입니다. 그렇지 않은 인생은 대중으로부터 대단한 사람으로 추앙을 받고 이름을 남긴다고 해도 일평생 외식하는 자로서 위선자로 살아갈 수밖에 없기 때문입니다.

2) 하나님 앞에서 자기 자신의 무가치와 무능을 깨닫고 겸손히 자기를 낮추는 사람입니다.

영적 의미로 '파산한 자'로서 스스로 내세울 만한 것이 아무것도 없다는 자기 무능을 깨닫고 "나는 아무것도 할 수 없습니다"라고 고백하는 사람입니다. 이런 사람은 하나님의 도우심을 전적으로 신뢰하며 살아갑니다. 하나님의 도우심 따위는 필요 없다고 말하는 것은 독립정신이 아니라 불신앙과 오만입니다. 피조물인 인간은 하나님의 형상을 닮은 영적 존재로서 하나님과의 바른 관계에서만 참된 행복을 누리며 살아가도록 디자인되었기 때문입니다.

3) 전적으로 자기를 부인하고 주님을 의지하며 따르는 사람입니다.

자기의 죄인 됨과 무가치와 무능을 깨달은 사람은 자기에게 어떠한 의나 공로가 없음을 알기에 예수 그리스도를 영접한 후로는 주님께 인생의 핸들을 맡기고 주님의 성령과 말씀의 인도하심을 따라갑니다. 인생의 꿈과 비전까지도 나보다 나를 잘 아시고 나를 사랑하시는 주님께 전적으로 의탁하는 인생을 사는 것입니다.

이는 노예근성이나 자립의지의 부족이 아닙니다. 하나님의 절대주권을 인정하고 하나님의 사랑과 능력을 신뢰하는 것입니다. 나의 주관과 지식, 경험과 의지에 따라 사는 것이 아니라 주님과 연합된 새 생명체로서 주님과 동행하며 살아가는 것입니다. 이런 사람은 인생의 파도를 무서워하지 않습니다. 실패를 두려워하지 않습니다. 고난 중에도 쉽게 낙심하거나 절망하지 않습니다. 주님의 권능을 믿고 주님의 도우심을 바라보며 신뢰하기 때문입니다. 주님께 소망을 두고 살기 때문입니다. 이들은 주님으로부터 멀어질까 봐 염려하며 인생의 목자 되신 주님께 인생 전부를 의탁하며 따라가는 사람입니다.

▶ 3. 심령이 가난한 사람이 받을 복 : 천국(天國)

심령이 가난한 자가 받을 복은 천국이라고 했습니다. 천국이 저희 것이란 말은 무슨 의미일까요?

1) 천국을 소유한다는 것입니다.
2) 천국에 들어간다는 것입니다.
3) 천국을 이룬다는 것입니다.
4) 천국생활을 누리게 된다는 것입니다.

심령이 천국을 이루고 가정과 공교회가 작은 천국을 이루며 미래에 완성될 천국에 들어간다는 것입니다. 현실에서 천국의 삶을 미리 맛보고 경험하며 사는 것입니다. 그것은 하나님의 통치를 따라 살게 됨으로 의와 평강과 희락(기쁨)을 누리게 되는 것입니다.(롬14:17) 복음서에서 천국을 뜻하는 하나님나라는 영원한 생명(영생)과 동의어로 사용되었습니다. 천국의 영생을 이 세상에서도 살아간다는 것입니다.

이와 같이 심령이 가난한 자는 현재의 삶에서 천국을 이루고 천국의 즐거움을 누리며 살아갑니다. 미래의 영원한 천국에 들어가게 됩니다. 얼마나 큰 복이겠습니까? 세상에서 출세와 성공을 이루는 것과 천국에 이르는 복은 전혀 방향이 다르고 차원이 다릅니다. 그것은 높아지고자 하는 것과 낮아지고자 하는 차이만큼이나 큰 것입니다. 기독교 최고의 덕은 겸손(謙遜)입니다. 여러분은 겸손하십니까? 여러분의 겸손한 마음에 성령께서 위로와 평강 주시기를 기도합니다.

▶ 4. 적용 | 당신은 심령이 가난한 사람입니까?

① 나는 주님 없이는 살 수 없다고 느끼고 있나요?
② 나는 자존심보다 주님의 말씀(뜻)에
   의지하여 살고 있나요?
③ 나는 자신과 이웃에 대해 있는 그대로
   수용할 마음을 갖고 있나요?
④ 나는 자신의 허물과 약함을 드러내는 데
   주저하지는 않나요?
⑤ 나는 내 마음에 하나님나라가 이루어지기를
   원하고 있나요?

II 애통하는 사람

"애통하는 자는 복이 있나니
그들이 위로를 받을 것임이요."

"복이 있도다! 애통하는 자여,
그들은 위로를 받을 것이로다."

▶1. 애통이란?

애통(哀痛, mourn)이란 말은 회개(悔改)를 나타내는 메타노이아($\mu\epsilon\tau\acute{\alpha}\nu o\iota\alpha$, metanoia)로 강한 슬픔을 나타내며 '슬퍼하는 것', '우는 것'을 뜻합니다.(눅6:21) 본문에서 말하는 슬픔은 세상의 질병이나 실패로 인한 슬픔이 아닙니다. 예를 들면 이별의 슬픔, 사별의 슬픔, 건강이나 재산의 상실로 인한 슬픔, 시험의 낙방이나 탈락으로 인한 슬픔이 아니라 심령이 가난한 자가, 즉 자기 자신이 죄인이라는 것과 무가치하고 무능한 존재라는 것을 깨달은 사람이 죄의 심각성을 인식하고 영적으로 괴로워하며 우는 것을 말합니다. 하나님 앞에서 자아를 발견한 자가 스스로의 힘으로는 아무것도 할 수 없다는 것을 깨닫고 자신의 죄로 인한 비참한 상태를 정직하게 고백하며 슬픈 마음으로 울부짖는 것입니다. 세상은 웃음 속에서 복을 찾지만 자신의 영적 현실을 보고 우는 자가 복이 있다는 것입니다.

심령이 가난한 자는 애통하는 자가 됩니다. 심령이 가난한 자는 애통하지 않을 수 없기 때문입니다. 이와 같이 팔복은 서로 밀접하게 단계별로 연결되어 있어서 어느 신학자는 '사다리'로 비유하기도 했습니다. 성경은 그리스도인들이 늘 죄책감과 죄의식에 사로잡혀 있거나 항상 시무룩하거나 우울한 인생을 살라고 가르치지 않습니다. 오히려 주 안에서 기뻐하라고 가르칩니다. 그렇지만 애통의 단계에서 진심으로 회개하지 않고서는 하나님과 바른 관계를 맺을 수 없습니다. 그것은 한낱 하나님을 속이는 위장과 가식적인 행동에 불과하기 때문입니다.

▶2. 애통하는 사람의 특성

애통하는 자란 어떤 사람을 의미하는 말일까요?

1) 자기의 불의와 죄인 됨을 깨닫고 슬퍼하며 우는 사람입니다.

하나님 앞에서 자기의 죄인 됨을 깨달은 사람은 애통하지 않을 수 없습니다.[2]

우리는 성경에서 애통하는 사람들의 모습을 봅니다. 이스라엘 왕 다윗은 자신의 살인죄와 간음죄를 부여잡고 눈물로 침상을 적셨으며(시51편) 선지자 이사야는 부정한 입술을 가졌음을 고백했습니다. 그는 성전에서 기도하다가 환상 중에 하나님의 보좌를 보게 되었습니다. 그는 거룩하신 하나님 앞에서 자기의 더러움과 죄인 됨을 깨닫고 "화로다, 나여 망하게 되었도다" 하고 탄식했습니다.(사6:5) 사도 바울은 죄의 세력으로부터 완전히 벗어나지 못하는 자기 실존을 발견하고 "오호라 나는 곤고한 자로다! 이 사망의 몸에서 누가 나를 건져내랴?" 하고 통곡하였습니다.(롬7:24) 사도 베드로는 "주여 나를 떠나소서! 나는 죄인이로소이다" 하고 고백했습니다.(눅5:8)

---

[2] 가난한 마음이 지적인 자기발견이라면 애통하는 마음은 죄의 심각성을 알고 정서적인 고통을 토해내는 것이라 할 수 있습니다.

애통하는 자는 자기의 죄를 부둥켜안고 슬퍼하며 우는 사람입니다. 한마디로 자기의 죄를 깨닫고 회개하는 사람입니다. 창조주이시며 역사와 생명의 주관자이신 하나님을 떠나 하나님을 등지고 하나님께 불순종하며 하나님 뜻을 따라 살지 못한 것을 안타까워하며 우는 사람입니다. 하나님께 불충성하며 하나님 뜻대로 살지 못함을 괴로워하며 우는 사람입니다. 단순한 후회가 아니라 방향전환입니다. 더 이상 하나님을 떠나 범죄하지 않겠다는 각오와 결단을 포함하는 것입니다. 예수 그리스도는 이렇게 우는 사람이 복이 있다고 하셨습니다. 왜냐하면 이러한 사람은 하나님께 위로를 받을 것이기 때문입니다. 하나님의 위로는 사람들의 위로와는 차원이 다른 참된 위로입니다.

사람은 그 누구도 회개의 단계를 거치지 않고는 죄 사함의 은총을 받을 수 없습니다.(행2:38,3:19) 사죄의 기쁨을 맛볼 수 없습니다. 하나님의 위로(慰勞)를 체험할 수 없습니다. 진리의 세계인 영적 세계는 애통하는 자라야 경험을 통해 알 수 있고 맛볼 수 있기 때문입니다. 하나님께서 성령을 통해 주시는 위로와 평안과 기쁨은 애통하는 자에게 주시는 선물입니다.

2) 애통은 지식적으로 자기의 죄를 깨닫는 정도(自覺)에 그치는 것이 아니라 지·정·의 전인격적인 변화의 시작인 것입니다.

참된 회개(contrition), 통회는 통곡하며 우는 눈물의 기도로 완성되는 것이 아닙니다. 다시는 동일한 죄를 범치 아니하리라는 의지적인 결단과 행동의 방향전환이 있어야 합니다. 베드로(마26:69, 눅22:54)와 가룟 유다(마27:3, 행1:18)의 회개는 같은 것이 아니었습니다. 회개는 유다처럼 스승을 넘겨주고 양심의 가책을 받아 뉘우치는(regret) 정도의 차원이 아니라 행위와 생활로서 변화된 모습이 자연스럽게 나타나는 것입니다.

회개하지 않는 사람은 죄 사함을 받지 못하며 죄 사함 없이는 구원받지 못합니다. 구원받지 못한 자는 천국에 들어갈 수 없습니다. 회개하지 않는 사람은 진리를 알 수 없고 영적 세계의 깊은 맛을 볼 수도 없습니다. 여전히 영적 맹인이요 청각장애인일 뿐입니다. 기독교 역사상 위대한 업적을 남긴 사람들은 세상의 높은 지위를 탐내거나 권력의 자리에서 큰소리치며 희희낙락하던 사람들이 아니었습니다. 그들은 눈물의 사람이었고 슬픔의 사람이었습니다. 예레미야처럼 민족의 앞날을 생각하며 울었던 사람입니다. 공동체의 불행을 자기 죄 때문에, 신앙인격의 결함 때문에, 불순종과 불충성 때문이라 여기고 늘 회개하며 살았던 사람들입니다. 예수 그리스도까지도 사랑하는 친구 나사로의 죽음 앞에서 눈물을 흘렸습니다. 장차 파괴되고야 말 예루살렘을 바라보면서 우셨습니다.

3) 자기 자신의 죄뿐만 아니라 타인의 죄와
민족의 죄를 깨닫고 슬퍼하며 우는 사람입니다.

그리스도인은 자신의 죄로 인해 회개할 뿐만 아니라 형제와 이웃, 나라와 민족과 인류를 생각하는 사람이어야 합니다. 자기만족과 풍요로움을 기뻐하고 만족하는 것이 아니라 타인의 죄까지도 회개하며 기도할 줄 아는 사람이어야 합니다. 형제들의 죄에 대한 공동체의식과 공동책임의식을 가져야 합니다. 아브라함이 롯을 위해 기도했던 것처럼, 예레미야나 다니엘 그리고 느헤미야, 에스더가 민족의 죄를 자신의 죄로 여기고 눈물로 기도하고 금식하며 회개했던 것처럼 기도하는 사람입니다. 국가의 위기를 남의 일로 여기지 않고 민족을 사랑하는 마음으로 기도하는 사람입니다.

하나님은 자기의 죄를 깨닫고 뉘우치고 돌이키는 심령을 가장 기뻐하십니다. 잃은 양을 찾은 목자의 비유, 아들을 기다리는 아버지와 탕자의 비유는 그 대표적인 사례일 것입니다.(눅15:1-32) 시편은, 여호와는 마음이 상한 자를 가까이하신다고 했으며(시34:18) 하나님의 원하시는 제사는 '상한 심령'이라 했습니다.(시51:17)

▶ 3.애통하는 사람이 받을 복 : 하나님의 위로

말씀을 듣고 자기의 죄를 발견하고 우는 사람이 복이 있습니다. 자기의 죄를 깨닫고 슬퍼하며 애통하며 우는 사람이 복이 있습니다.(약4:8,9) 이렇게 애통하는 사람에게 주시는 하나님의 복은 참된 위로입니다. 위로란 고통과 슬픔을 당한 사람에게 어깨를 두드리거나 몇 마디 말로 달래주는 것이 아니라 슬픔의 근본적인 문제를 해결해주는 것입니다.

주님은 나인성 과부에게 "울지 말라" 하시고 그의 외아들을 살려주셨습니다. 그것이 진정한 위로인 것입니다. 기도의 여인 한나가 그토록 원하던 아들인 사무엘을 낳게 된 것이 진정한 위로인 것입니다. 현재 고통스러워하며 울고 있는 당면한 문제의 해결이 위로입니다. 하나님은 위로의 하나님이십니다.(고후1:3) 우리의 모든 문제의 해결사이시며 영원한 위로자이십니다. 그러므로 예수 그리스도를 수단으로 이용하여 자기 목적을 이루고자 하는 신앙은 참된 신앙이 아닙니다. 오늘날 교회공동체의 현실은 어떠한지 돌아볼 필요가 있습니다. 신앙을 통해서 자기 욕망을 채우는 것은 참된 신앙이 아닙니다. 그것이 샤머니즘 신앙입니다. 교회의 타락은 바로 여기서 시작되는 것입니다.

애통하는 사람이 받는 위로는 그 내용이 무엇일까요? 그것은 사죄의 은총 곧 죄 용서입니다. 그리스도인의 죄 사함과 구원은 사형선고받은 사람이 특별사면을 받고 집으로 돌아가는 것과 비교할 수 있을 것입니다. 허물과 죄를 용서받는 자가 복이 있습니다.(시32:1) 이 세상에 흉허물이 없는 사람은 아무도 없습니다. 의인은 없나니 하나도 없습니다.(롬3:10) 문제는 죄의 횟수와 그 무거움의 정도나 분량이 아니라 우리가 진정한 회개를 통해 죄 사함을 받았느냐 하는 것입니다. 고름이 살이 되는 것이 아닙니다. 그러므로 아무리 적은 죄라도 덮어두거나 미루거나 간과해서는 안 됩니다. 죄는 합리화하거나 핑계를 댄다고 사라지지 않기 때문입니다. 죄는 사탄에게 참소(讒訴)할 조건을 제공하고 사탄의 개입을 초래하여 결국 자기 인생을 불행으로 이끌어 갈 뿐입니다. 죄는 하나님과의 관계를 무너뜨리고 인생을 고통 속으로 몰아넣어 결국 파멸로 이끌어 가는 독초이기 때문입니다.

일반적으로 사람들은 질병의 심각성을 인지하고 두려워합니다. 에이즈(AIDS), 사스(SARS), 광우병, 조류 인플루엔자(AI), 아프리카열병이나 코로나19 같은 것들을 두려워하는 것은 그것들이 죽음으로 이끌고 갈 수도 있기 때문입니다. 14세기 유럽을 휩쓸었던 흑사병으로 유럽 인구의 1/4 가량인 3,000~4,000만 명이 사망한 경우가 있었습니다. 코로나19로 인해 전 세계가 아직 그 충격에서 벗어나지 못하고 있습니다. 죄의 영향력은 그보다 훨씬 크고 강력한 것입니다. 죄에 감염되지 않은 인류는 존재하지 않기 때문입니다.

사람들은 죄의 심각성에 대해서 잘 이해하지 못합니다. 그렇기 때문에 노아시대처럼 먹고 마시며 시집가고 장가가는 일에만 골몰합니다. 메말라 버린 샛강처럼 눈물이 메마른 시대입니다. 이 시대에도 우는 사람들이 필요합니다. 독자 여러분에게 인간의 위로와 비교할 수 없는 하나님의 위로가 있기를 바랍니다. 야고보는 이렇게 말했습니다. "너희 웃음을 애통으로 너희 즐거움을 근심으로 바꿀지어다!"(약4:9) 청교도 목사 토머스 왓슨(T. Watson)은 "눈물 골짜기를 통과하지 않고는 낙원에 이를 수 없다"고 했습니다.

애통하는 사람의 눈물은 자기의 심령을 맑고 시원하게 합니다. 넘치는 위로와 평강을 경험하며 하나님의 임재를 경험하게 합니다. 중생하여 변화된 거듭난 새사람으로서 변화된 세계관을 갖고 성숙한 인생을 살아가게 합니다. 애통은 죄에 대한 미련을 버리게 하며 사탄의 지배를 받던 심령이 하나님의 지배를 받는 심령으로 변화되게 합니다. 그리고 이 세상의 그 무엇과도 견줄 수 없는 마음의 참된 평화와 넘치는 하나님의 위로를 경험하며 살게 합니다.

▶4. 적용 | 당신은 애통하는 사람입니까?

1 죄가 무엇입니까? 죄 문제로 밤을 지새우며
   고민해 보셨습니까?

2 진정으로 죄를 회개하고 버리셨습니까?

3 죄를 멀리하며 죄를 피하며 죄의 습관을 버리며
   사십니까?

4 주님의 위로를 경험해 보셨습니까?

5 죄를 범치 않는 길은 하나님을 가까이하는
   삶이 아닐까요?

Ⅲ 온유한 사람

"온유한 자는 복이 있나니
 그들이 땅을 기업으로
 받을 것임이요."

"복이 있도다! 온유한 자여,
 그들은 땅을 기업으로
 받을 것이로다."

▶1. 온유함이란?

팔복의 세 번째는 온유한 마음을 가진 사람(the meek)이 받을 복에 관한 말씀입니다. 온유(溫柔)란 성품이 부드럽고 온화한 것을 말합니다. 심령이 가난한 자는 애통하게 되고 애통하는 자는 온유한 자가 됩니다. 자기의 죄인 됨을 알기에 하나님 앞에서나 타인과의 관계에서 교만하지 않으며 이해하고 용서하며 관용(tolerance)하는 것입니다. 피부색, 신체, 종교, 사상, 성별, 경제력, 국가, 출신 등의 여러 차이에 대해서 배척하거나 차별하거나 우월감을 갖는 것이 아니라 너그러운 마음가짐을 갖고 용납하며 이해하고 평등한 시선으로 대하며 함께 공존하는 것입니다.

2. 온유한 사람의 특성

1) 예수 그리스도의 성품을 닮은 사람입니다.

예수님은 "나는 마음이 온유하고 겸손하다"고 하셨습니다. 온유한 자는 예수님을 본받아 사는 사람입니다.(마 11:29) 갈보리 십자가 위에서 원수를 위해 기도하신 모습은 온유의 극치를 보여주는 장면입니다.

2) 성령의 열매를 맺는 사람입니다.

온유는 성령의 열매입니다.(갈5:23) 온유는 선천적인 온순한 성품이나 수양을 통해서 갖게 된 부드럽고 유순한 성품이 아니라 구원의 진리를 깨달은 사람이 성령의 능력으로 말미암아 변화하여 소유하게 되는 온화하고 부드럽고 친절하며 포용력 있는 성품입니다. 곧 새사람으로 변화된 사람의 속성 가운데 하나인 것입니다.

3) 무골호인(無骨好人)을 의미하지 않습니다.

애통하며 회개할 때 심령이 변화되어 온유한 사람이

됩니다. 온유한 사람은 우유부단하고 미지근하거나 주저주저하는 사람이 아닙니다. 중심을 잡지 못하고 흔들리거나 자포자기하며 사는 사람이 아닙니다. 세상을 부정적인 시각으로만 보고 현실을 부정하며 아무것도 하지 않으려는 사람이 아닙니다. 숙명론에 빠져 있거나 타의에 의해 움직이는 사람도 아니지만 그렇다고 자기 고집대로 사는 사람도 아닙니다. 오히려 죄와 불의에 대해서는 단호하고 의에 대해서는 강한 면모를 가진 사람입니다. 하나님의 진리말씀과 자아가 부딪힐 때 자기 생각을 버리고 기꺼이 하나님 말씀 앞에 무릎 꿇는 사람인 것입니다.

4) 하나님의 권위에 순종하는 사람입니다.

온유한 사람은 하나님의 말씀에 대한 통찰력과 분별력을 갖고 만왕의 왕이신 주님의 명령이라면 기꺼이 그 명령에 따르는 사람입니다. 하나님의 절대주권을 인정하고 하나님의 뜻에 자신을 맡기며 살아가는 사람입니다. 하나님의 말씀 앞에 '아멘' 하며 믿고 순종하는 사람입니다. 온유한 사람은 옥토(沃土)와 같은 마음을 가진 자로서 말씀의 가르침을 따라 살고자 갈망하는 사람입니다. 이런 사람에게는 믿음의 열매가 있으며 성령의 열매가 있습니다. 진리에 대한 깨달음의 속도가 빠르고 항상 말씀을 귀히 여기며 삽니다. 현대 그리스도인들의 문제는 하나님의 말씀을 지식으로만 받아들이고 말씀에 대한 권위를 인정하고 적극적으로 순종하기보다 자신의 이성적 판단을 더 중시하면서 살아간다는 것입니다. 상식과 이성적 판단을 뛰어넘는(빌4:7) 하나님의 능력을 인정하고 순종하기보다 자아가 더 강하기 때문입니다.

5) 인내와 관용의 사람입니다.

온유한 사람은 자기를 먼저 생각하는 이기주의자가 아니라 자기보다 공동체와 타인의 유익을 먼저 생각하는 사람입니다. 형제와 이웃에 대하여 인내와 관용으로 대합니다. 상대방의 무례와 경솔한 태도에 대해서도 쉽게 분을 내지 않습니다. 타인에 대해 함부로 평가하거나 비난하지 않습니다. 손해를 보고 누명을 쓰거나 견딜 수 없는 고통을 당할 때에도 보복하고 복수를 생각하기보다 하나님의 인도하심을 구하며 원수를 위해 기도하는 사람입니다. 분노를 제어할 줄 알며 화를 다스릴 줄 아는 사람입니다. 화를 내도 오래지 않아 마음의 평정을 회복하는 사람입니다.

6) 자기의 죄를 숨기거나 합리화하지 않는
솔직하고 진실한 사람입니다.

우리는 온유한 사람의 예를 선지자 나단의 지적에 무릎을 꿇었던 이스라엘 왕 다윗에게서 발견할 수 있습니다.(삼하12:1-15) 이스라엘의 지도자 모세에게서도 찾아볼 수 있습니다.(민12:3,13, 출32:32) 온유한 성품은 믿음의 조상 아브라함이 조카 롯에게 우선권을 주며 양보하는 태도에서도 잘 드러납니다.(창13:5-9)

7) 다른 사람의 흉허물을 드러내거나
타인의 고통과 슬픔을 기뻐하지 않습니다.

온유한 사람은 자기를 드러내고 우월성을 나타내기 위해 타인을 평가절하하거나 비난하거나 비판하지 않습니다. 타인의 고통당하는 모습을 당연한 것으로 여기거나 달콤하게 생각하지 않는 사람입니다. 타인의 불행에 대해서도 아픈 가슴으로 그들의 용서와 회복을 위해 기도하는 사람입니다. 십자가 위에서 기도하셨던 주님의 모습을 생각해 보십시오! 교회 안팎에서 일어나는 많은 문제들의 뿌리는 자신을 완전한 사람으로 알고 타인에 대해 심판자가 되어 함부로 정죄하고 비난하는 데서 발생합니다. 남의 말을 좋게 하는 사람이 되십시오. 다른 사람도 당신을 칭찬하게 될 것입니다. 남을 비난하고 다니는 사람을 멀리하십시오. 언젠가 당신을 비난하고 다닐지 알 수 없기 때문입니다.

▶ 3. 온유한 사람이 받을 복 : 땅을 기업으로 받음

온유한 사람은 땅을 기업으로 받는다고 했습니다. 여기서 땅은 무엇이고 기업은 무엇을 뜻하는 것일까요? 본문은 지상에서 땅 부자가 되는 것을 의미하는 것이 아닐 것입니다. 새 하늘과 새 땅, 곧 천국을 의미하는 것으로 이해할 수 있어야 할 것입니다.

문맥상 구약 이스라엘이 가나안을 상속받은 것처럼 천국을 상속받게 될 것을 의미합니다. 기업(inheritance)이란 상속자로서 유업(遺業)을 얻는 것을 의미하기 때문입니다. 그러므로 땅을 기업으로 받는 것은 결국 천국을 차지하는 것과 동일한 의미를 가지는 것입니다. 이렇게 볼 때 마음이 가난한 자가 받는 복과 온유한 자가 받는 복이 같다는 사실을 알게 될 것입니다.

협력보다는 경쟁을 추구하는 사회에서 온유한 사람에 대해 제대로 평가하지 못하는 경향이 있습니다. 그러나 온유한 사람은 어리석은 바보가 아닙니다. 하나님께 대하여는 순종하는 사람이요, 이웃에 대하여는 이해하고 관용하는 너그러운 사람이요, 자신에 대하여는 단호한 외유내강 인간인 것입니다. 자기가 머리가 되기보다 다른 사람을 세울 줄 아는 사람입니다. 모든 영광과 공로를 하나님께 돌리는 사람입니다.

자기 이익과 이상과 꿈을 성취하기 위해 생존경쟁이 치열한 세상입니다. 약육강식과 정글의 법칙이 비일비재하고 생산성과 효율성, 신속성과 높은 성장이 진리인 양 여겨지는 세상입니다. 이런 세상에서 온유한 자로 살기란 쉬운 일이 아닐 것입니다. 그러다 보니 그리스도인 가운데서도 교회 밖에서는 온유한 자를 찾아보기가 결코 쉽지 않습니다. 표면적으로 보기에는 살기등등하고 큰소리치고 힘을 과시하는 사람이나 교활하고 속임수에 능한 사람이 승리한 것처럼 보입니다. 그러나 이보다 혀가 더

강하고 오래갑니다. 궁극적으로 온유한 사람이 승리할 것입니다. 성경은 우리에게 이렇게 가르칩니다.

"선으로 악을 이기라!"(롬12:21)

▶ 4. 적용 | 당신은 온유한 사람입니까?

기도하는 마음으로 나 자신의 내면을 들여다보며 내가 과연 온유한 사람인지를 진단해 봅시다.

1 나는 다른 사람을 용서하며 살고 있는가?
2 나는 다른 사람을 위해 기도하고 있는가?
3 나는 다른 사람의 유익을 위해 일하는 사람인가?
4 나는 비교의식과 열등의식에 빠져 살고 있지는 않는가?
5 나는 만족할 줄 알고 기뻐할 줄 아는 사람인가?

Ⅳ 의에 주리고 목마른 사람

"의에 주리고 목마른 자는
　복이 있나니
　　그들이 배부를 것임이요."

"복이 있도다!
　의에 주리고 목마른 자여,
　　저희는 배부를 것이로다."

▶1. 의에 주리고 목마른 사람이란?

의에 주리고 목마른 자는 배부를 것이라고 한 네 번째 복 역시 세속적이고 물질적인 차원에서 이해할 것이 아닙니다. 참되고 영원한 복, 곧 신령한 복을 받을 수 있는 사람의 태도에 관한 말씀입니다. 그런 의미에서 팔복은 하나님 앞에서 죄인 됨을 깨달은 사람이 회개하고 성령의 도우심으로 변화된 새사람이 되어 점점 예수 그리스도를 닮아가는 성화의 단계로 나아가는 것을 알게 됩니다. 본문 역시 그러한 맥락으로 접근할 때 바른 이해가 가능할 것입니다.

여기서 '의'라고 하는 것은 하나님의 의(義)를 말합니다. 천국시민에게 이 하나님의 정의는 양식과 같이 꼭 필요한 요소입니다. 왜냐하면 인간은 스스로 의로운 자가 될 수 없고 하나님께 의롭다고 인정받을 때만 비로소 천국에 들어갈 수 있기 때문입니다. 왜 예수님은 의로운 자가 복이 있다고 말씀하지 않고 의에 주리고 목마른 자가 복이 있다고 했을까요? 육신이 주리고 목마른 것은 복이 될 수 없습니다. 지구촌에는 아직도 전쟁과 홍수, 질병과 기아, 태풍, 지진 등 자연재해로 인해 굶주리고 고통 받는 사람들이 많습니다. 우리는 그들의 빈곤한 삶을 결코 축복이라고 말할 수 없을 것입니다.

본문의 역설적 진리는 육적인 굶주림이 아니라 영적인 굶주림인 것입니다. 범죄한 인생은 선행(善行)이나 고행(苦行) 등 그 어떠한 형태의 노력으로도 의롭게 될 수 없습니다. 다만 주리고 목마른 사슴이 시냇물을 찾는 것처럼 갈급한 심령으로 하나님의 의를 찾고 사모하며 구하는 것이 의에 주리고 목마른 자의 모습입니다. 그때 하나님과의 관계회복을 통해 하나님께서 인정하는 의인의 대열에 서게 될 것입니다.

▶ 2. 의에 주리고 목마른 사람의 특성

1) 하나님의 정의를 갈급히 사모합니다.
2) 하나님과의 올바른 관계를 회복하기를 갈망하는
   사람입니다.
3) 하나님의 정의가 이 땅에 실현되기를 기도하는
   사람입니다.
4) 예수 그리스도로 만족하며 기뻐하며 감사하는
   사람입니다.

성경은 이 세상에 의인은 하나도 없다고 단언합니다.(롬3:10) 이 세상은 어디서나 범죄하고 타락한 불의한 인생들이 살아가는 삶의 터전입니다. 아무리 정의를 부르짖어도 죄악에 물들어 있는 불의한 사회입니다. 인간의 불의는 아담의 타락에서 기인합니다. 살인, 강도, 강간, 절도, 사기, 인종차별, 양극화 등 모든 범죄와 사회악은 원죄로 인해 파생되어 나타나는 현상으로 죄의 열매들입니다.

과학의 발달과 지식수준의 향상과 경제적 번영은 편리함과 지적 호기심의 충족과 풍요로움을 제공해 주었으나 인간의 인성(人性)은 크게 변화되지 않고 인간의 도덕성은 개선될 기미를 보이지 않고 있습니다. 매일같이 쏟아져 나오는 뉴스들의 내용이 각종 사고와 사건들로 얼룩져 있는 현실이 그것을 증명하고 있습니다. 이 시대에 이 땅에 태어난 자로서의 사명을 상실해서도 안 되지만 이 세상은 우리가 영원히 발붙이고 살 곳이 아니라는 것을 깨닫게 해줍니다. 그것을 '선지자적 비관주의'라고 합니다.

  정치단체나 사회단체에서 사회정의를 외치고 인간양심회복을 부르짖지만 세상은 여전히 부정과 비리, 무질서와 혼돈, 불의한 일들이 그치지 않고 일어나고 있습니다. 앞으로도 비관적인 흐름은 멈추지 않고 지속될 것입니다. 근본적으로 세상은 인간 자체의 변화가 이루어지지 않는 한 불의가 가득한 세상일 수밖에 없기 때문입니다. 그러므로 세상을 탓하고 인생을 비관하기보다 구원의 길을 찾아야 하는 것입니다.

  성경은 인간의 의에 대해서 더러운 옷과 같다고 했습니다.(사64:6) 욥은 "인생이 어찌 하나님 앞에서 의로우랴!"고 고백했습니다.(욥9:2) 아담 이후 범죄하고 타락한 인간은 그 무엇으로도 죄악을 씻어버릴 수 없게 되었습니다.(렘2:22) 그러므로 하나님의 율법 역시 그 누구도 완전하게 지킬 수 없게 된 것입니다.

인간은 하나님께 의롭다고 인정받을 때에만 구원을 받을 수 있는 존재입니다. 그 가능성이 전무한 상태에서 선행이나 고행이나 노력으로 구원은 불가능한 것입니다. 성경은 행함으로 의롭다 함을 얻을 육체가 아주 없다고 선언합니다. 바리새인들의 금식과 십일조생활, 안식일 준수 역시 의롭다고 인정받을 수 있는 조건이 될 수 없었습니다. 예수님은 오히려 그들의 형식주의와 외식적인 행태를 비판하셨습니다. 성경은 인간이 의롭게 되는 길은 오직 예수 그리스도를 믿을 때 가능한 것이라고 말합니다. 믿음으로 하나님과의 관계가 회복(정상화)되고 그리스도의 의의 전가로 의롭게 되는 것이 하나님께서 정하신 구원의 원리이며 법칙이기 때문입니다.(창15:6, 사 53:5,6, 롬4:5, 마5:20, 빌3:9)

의에 주리고 목마른 자는 하나님의 의를 생명보다 소중하게 여깁니다. 불의를 기뻐하지 않으며(고전13:6) 하나님나라와 의를 구하며 삽니다.(마6:33) 주기도문에서 하나님의 나라가 임하시기를 기도하듯이 가정과 직장과 사회와 국가의 모든 영역에서 하나님의 정의가 지배하는 영역이 확장되기를 기도하며 삽니다.

▶ 3. 의에 주리고 목마른 사람이 받을 복 : 배부름(만족)

의에 주리고 목마른 자의 받을 복은 배부름이라고 했습니다. 배부름(be filled)은 참된 만족을 말합니다. 본문의 배부르다, 즉 코르타조($\chi o \rho \tau \acute{\alpha} \zeta \omega$)라는 말은 '배불리다', '실컷 먹이다', '채우다', '살찌우다', '만족시키다'라는 뜻입니다. 다시 말해 주리고 목마른 자가 충분한 만족을 얻게 된다는 뜻으로 오병이어의 표적을 설명하면서도 나타나는 말입니다.[3]

배부를 것이란 말은 우리가 예수 그리스도로 말미암아 영적 굶주림과 목마름의 문제가 해결되어 참된 만족을 누리며 살게 될 것이란 의미입니다.

---

[3] 성경은 기적을 초자연적인 하나님의 능력이 나타나는 권능(power, $\delta \upsilon \nu \alpha \mu \varsigma$)과 하나님의 자기계시와 뜻이 나타나는 목적이 있는 표징과 표적(sign)으로 분류해서 사용하였습니다. 기적은 하나님의 자기계시 외에도 인간을 유익하게 하고 믿음을 주시기 위한 하나님의 행동이며, 말씀과 말씀에 대한 순종을 통해 현실화되는 패턴을 보여주기도 합니다.

하나님은 광야에서 먹을 것이 없어 부르짖는 자들에게 만나를 내려주셨고, 마실 물이 없어 부르짖는 자들에게 생수를 주셨습니다. 예수 그리스도는 하늘에서 내린 떡, 참 떡, 하나님의 떡, 생명의 떡이 되셔서 우리를 만족하게 하시는 구세주이십니다.(요6:31-35) 주님은 "나를 믿는 자는 그 배에서 생수의 강이 흘러나리라!"고 선언하셨습니다.(요7:37-39) 생수의 강은 인생의 갈증을 풀어주시는 성령 하나님이십니다.

　　인생의 영적 갈증과 굶주림의 문제는 지구상 어느 나라나 그 누구도 해결할 수 없는 문제입니다. 하지만 예수 그리스도는 해결해 주실 수 있습니다. 영적 배부름은 주님 안에서만 가능한 일이기 때문입니다. 오직 예수 그리스도만이 우리를 의인 되게 하시고 우리를 구원하실 수 있기 때문입니다.(행4:12) 세상 것은 추구하면 할수록 소금물을 마신 것처럼 갈증만을 더하게 할 뿐 참된 만족을 주지 못합니다. 오직 주님만이 우리를 의롭게 하실 수 있고 영적 해갈을 주실 수 있는 분이십니다. 영국의 유명한 설교자 스펄전(C.H. Spurgeon)은 "하늘이 없다 해도 의를 사모할 것이요, 지옥이 없다 해도 불의를 증오하리라"고 했습니다. 다윗은 "내 영혼이 하나님을 갈망하고 있다"고 고백했습니다.(시42:1-2) 여러분의 경우는 어떻습니까?

▶ 4. 적용 ㅣ 당신은 의에 주리고 목마른 사람입니까?

1 하나님의 의가 없다면 우리는 죄의 노예로
  살 수밖에 없음을 아십니까?

2 인생문제의 해결사가 오직 하나님이심을
  인정하십니까?

3 목마른 사슴처럼 하나님을 찾는 과정이
  있었습니까?

4 지금도 그 하나님과 동행하십니까?
  신앙의 체험은 과거형이 아니라 현재형이어야
  할 것입니다.

5 주님 안에서 영적 만족을 누리며 살고 계십니까?
  다윗처럼 "내가 부족함이 없으리로다" 하고
  고백하면서 말입니다.

긍휼히 여기는 사람

"긍휼히 여기는 자는 복이 있나니
 그들이 긍휼히 여김을
 받을 것임이요."

"복이 있도다! 긍휼히 여기는 자여,
 그들이 긍휼히 여김을
 받을 것이로다."

　하나님은 '선의 근원'이시며 '최고선'이시며 인간뿐만
아니라 모든 피조물들에게도 선하십니다. 하나님의 선
은 그의 피조물들에게 관대하고 친절하게 대하시는 그
의 애정입니다.(시145:9,15,16) 성경은 하나님의 선하
심에 대해 여러 곳에서 피력하고 있습니다.[4]

　시편은 하나님의 선하심을 끊임없이 찬양하는 노래로
가득합니다.

　이 하나님의 선이 피조물을 향할 때 사랑의 특성을 나
타냅니다. 그는 피조물의 조건이나 상태에 따라서가 아
니라 하나님 그 자신으로 인하여 그 자신의 선하신 성품

---

4)시편36:6,104:21, 마태복음5:45,6:26, 누가복음6:35, 사도행전
　14:17.

때문에 피조물을 사랑하십니다. 죄인에 대한 사랑도 그의 형상대로 창조된 피조물임을 인정하시기 때문입니다.(요3:16, 마5:44,45) 그가 특별한 사랑으로 그를 신뢰하는 자들을 사랑하시는 것은 그들을 자녀로 인정하시기 때문입니다. 하나님의 사랑이 피조물에게 전달될 때 사랑받는 자에게는 그것이 은혜(grace)인 것입니다. 은혜 중의 은혜는 그리스도를 믿음으로 얻는 구원입니다. 이 은혜로 신자는 값없이 의롭게 되고 영적 축복을 받으며 궁극적으로 구원을 받게 됩니다.

하나님의 선하심과 사랑이 사람에게 은혜로 나타나는 것이 자비(Hesed)이며 '긍휼'인 것입니다.[5] 하나님은 비참한 처지에 있는 자들을 동정하시는 하나님이십니다. 그들의 고통을 기꺼이 덜어주시려는 긍휼의 하나님이십니다.(신5:10, 시57:10,86:5) 하나님의 자비는 모든 피조물들에게 임하나 특히 그를 경외하는 자에게

---

5)하나님의 긍휼과 자비는 히브리어로 '헤세드(Chesed)', 헬라어로는 '엘레오스($\check{\epsilon}\lambda\epsilon o\varsigma$)'란 말로 범죄로 인해 용서를 필요로 하는 자에게, 가련한 상태에 있는 자에게, 비참한 상태나 고통 중에 있는 자에게, 신적 도움을 필요로 하는 자에게 '동정하시는 하나님'의 모습으로 나타납니다. 긍휼은 본래 근친 간의 애정을 뜻하는 것으로, 예수 그리스도를 통한 구원의 은총에서 그 위대성을 드러냅니다.

특별히 나타납니다.[6] 성경에서 말하는 하나님의 긍휼(矜恤)과 자비(慈悲)라는 말은 불쌍히 여김(pity), 동정(compassion), 인자(loving kindness) 등으로도 번역되었습니다.

하나님의 사랑은 아담에게 가죽옷을 지어 입히신 사건에서부터 가인에 대한 배려, 홍수 후에 노아에게 하신 약속, 족장시대의 불안정한 사회생활에서와 이스라엘 공동체에 속한 사회적 약자들에 대한 보호에서 잘 드러납니다. 출애굽 후 이스라엘에 대해 항상 강조된 메시지는 그들도 한때 핍박당하던 이방인이었다는 사실과 출애굽에서의 하나님의 구원을 잊지 말고 타인에게 긍휼을 베풀라는 것이었습니다. 사회적 약자들은 절기마다 초대의 대상이기도 했습니다. 이스라엘이 이러한 하나님의 뜻(경륜, 의도)을 저버릴 때 선지자들은 각 시대마다 사회의 지도층들을 향해 날카로운 비판을 서슴지 않았던 것입니다.

---

6)시편145:9, 출애굽기20:2, 신명기7:9, 시편86:5, 누가복음1:50

1. 긍휼이란 무엇인가?

긍휼(矜恤)이란 말은 다른 종교에서 사용하지 않는 독특한 단어입니다. 긍휼은 히브리어로 라함(rachamim)으로 여성의 태, 자궁이라는 뜻입니다. 자궁은 생명을 안전하게 보호하고 양육하는 기관으로 어머니의 희생적인 모습을 나타내는 것입니다. 일반적으로 '불쌍히 여기다', '자비를 베풀다', '인정이 많다' 등으로 쓰입니다. 긍휼이란 한마디로 불쌍히 여기는 것입니다. 긍휼은 자비, 사랑, 동정, 관용, 인(仁) 등으로 혼용하여 쓰고 있기도 합니다. 영어성경(KJV)은 자비(merciful)란 말과 동일하게 사용하였으며, 한글사전에서는 '불쌍히 여겨 돌보아주다', '가엽게 여기다'라고 풀이했습니다.

주님께서 말씀하신 '긍휼'은 통속적인 의미에서 인정(人情)을 베푸는 것을 의미하는 것이 아닙니다. 어려움에 처한 이웃에 대한 단순한 동정(同情)을 의미하는 것도 아닙니다. 본문의 긍휼은 복음적 의미를 담고 있습니다. 고통 중에 있는 사람의 고통을 나의 고통으로 알고 고통을 나누어 가지는 고통분담인 것입니다. 진실로 불쌍히 여기며 자비를 베풀며 용서하는 것을 의미합니다.

대가를 바라지 않는 사랑의 실천입니다. 긍휼은 결코 이론일 수 없습니다.

긍휼은 주님의 성품이며 주님의 마음이요 삶 그 자체였습니다. 주님은 인간의 약함을 체휼하시며 지상의 생애를 사신 분이셨기 때문입니다. 주님의 그 큰 사랑! 긍휼로 인해 우리는 절망 중에도 소망을 갖고 살아갑니다.(벧전1:3) 주님은 우리의 체질을 아시고 우리의 문제를 아시기에 우리의 행위대로 벌하지 않으시고 사랑과 용서와 은혜로 구원해 주셨습니다. 그것이 긍휼입니다.(시103:13)

주님의 긍휼은 하나님을 거역하고 불순종하는 불신앙의 사람들에게도 영향을 미치며 그것은 구원의 근거가 됩니다. 범죄한 인생은 공의의 처벌을 기다릴 뿐이며, "주여 나를 불쌍히 여기소서" 하고 탄원할 뿐 긍휼히 여김을 받을 자격이 없는 존재들입니다. 그러므로 주님께 긍휼히 여김을 받는 것 그 자체가 은혜인 것입니다. 따라서 하나님의 백성, 하나님의 자녀가 된 것은 주님의 크신 은혜인 것입니다. 주님의 긍휼이 없었다면, 지금도 그 긍휼이 지속되지 않는다면 우리는 소망을 가질 수 없습니다.

성경에서 하나님의 특별한 배려의 대상인 고아와 과부와 객(이방인, 이민자, 나그네)은 문자적인 의미에서만 이해할 것이 아닙니다. 이 말은 가난하고 힘없는 사회적 약자들을 통칭하는 말입니다. 사회적 약자들에 대한 배려는 신약교회에서도 그대로 적용됩니다. 그러므로 교회와 그리스도인들은 교회 안에 있는 사람들뿐만 아니라 교회 밖에 있는 사람들도 사랑하고 관심을 가져야 합니다. 그 이유는 우리들 역시 과거에는 그리스도 밖에 있었던 이방인이었으며 이 세상에서 나그네로 살아가고 있기 때문입니다.

사도 베드로 역시 이방인 중에서 선한 행실을 통해 하나님께 영광을 돌리라고 권면했습니다.(벧전2:9-12) 예수 그리스도의 대속을 위한 십자가의 죽음을 통해 긍휼을 입은 자들은 다른 사람들을 긍휼히 여길 수 있어야 합니다. 하나님의 성령은 선한 일을 할 수 있도록 능력과 은사와 자원들을 제공해 주실 것이기 때문입니다. 그리스도인은 다른 사람들을 위해 사랑과 자비로 섬기도록 먼저 부름 받은 하나님의 자녀들이라는 분명한 정체성이 있어야 합니다.

▶ 2. 긍휼히 여기는 사람의 특성

1) 사랑을 실천하며 삽니다.

사도 요한은 이렇게 권면합니다. "자녀들아 우리가 말과 혀로만 사랑하지 말고 오직 행함과 진실함으로 하자."(요일3:16-18) 예수 그리스도는 복음을 전파하셨을 뿐만 아니라 가난한 자, 포로 된 자, 눈먼 자, 압박받는 자들을 불쌍히 여기고 손과 발로 사랑을 실천하셨습니다. 그의 삶은 이웃을 사랑해야 하는 동기와 최선의 모델을 제공해 줍니다. 그가 병자들을 치료하는 기적을 행하신 것은 단순히 사람들의 관심을 끌기 위한 것이나 칭찬을 염두에 두고 한 행동이 아니었습니다. 예수님의 치유사역은 사람의 능력을 회복시켜 주어 사람답게 살게 하려는 것이었습니다.

예수 그리스도의 몸된 교회와 그의 지체들인 우리들은 오늘날 예수 그리스도의 손과 발이 되도록 부름을 받은 것입니다. 예수 그리스도의 사랑을 받은 사람들이 다른 사람들에게 사랑을 실천하는 일은 위대한 사명입니다. 그러므로 그리스도인들은 하나님을 사랑하고 이웃을 사랑하라는 명령을 분명히 깨닫고 지속적으로 실천할 수 있어야 합니다. 그리스도인들의 책임 있는 사랑의 실천은 사람들이 겪고 있는 고통의 근본원인을 알아내고 그것들을 제거하기 위해 힘쓰는 것까지도 포함됩니다.

그리스도인의 삶은 개인적인 경건을 추구하며 개인의 순결한 삶을 사는 것만으로는 충분하지 못합니다. 예수 그리스도를 본받아 그에게 받은 사랑을 다른 사람들을 위해 실천해야 하는 것입니다. 모든 사람들과의 관계에서 하나님께서 나에게 행하신 바를 행하는 것입니다. 마태복음 18:23-25의 종과 회계하려던 어떤 임금의 비유에서 보여주듯이 하나님은 우리가 빚을 탕감받은 자, 곧 용서받은 자로서 하나님의 은혜와 자비의 통로가 되기를 원하십니다.

2) 다른 사람의 인격을 존중합니다.

모든 인간은 하나님의 형상으로 창조된 피조물로 모두가 소중한 존재입니다. 하나님은 각 사람을 소중히 여기시며 그 가치를 '천하보다 귀한 생명'으로 인정해 주십니다. 이것이 기독교와 타 종교의 분명한 차이점입니다. 그리스도인들이 선을 행하면서도 자기과시나 우월한 감정을 버리고 차별 없이 다른 사람들의 인권을 존중해야 할 이유는 그들 역시 하나님의 형상으로 창조된 사람들이기 때문입니다. 모든 사람이 하나님의 사랑의 대상이기 때문입니다. 사랑의 실천이란 모든 사람을 차별 없이 인정하고 그들의 행복을 위해 힘쓰는 것입니다. 모든 사람의 기본권을 인정하며 모든 사람이 인간다운 삶에 참여할 수 있도록 세워주는 것입니다. 사랑은 정의에 기초하며 정의를 넘어섭니다. 사랑은 정의보다 높은 선이기 때문입니다.

웨스트콧(B. F. Westcott)은 기독교적 사랑의 특성은 "자연발생의 정서가 아니라 의지로 인하여 결정된 품성의 표현"이라고 했습니다.[7] 그것은 자기중심의 욕망과 반대개념이며, 죄인에 대한 하나님의 사랑을 받아들인 기독교신앙에 근거한 것으로 구속의 경험에 뿌리를 둔 감사의 표현인 것입니다. 그러므로 그리스도인은 타인

---

7) B. F. Westcott, The Epistle of St. John , 133.

의 행복을 위해 하나님의 뜻에 순종하는 마음으로 사랑을 실천해야 할 책임을 부여받은 사람들입니다.

그리스도인의 종교행위(예배, 찬양, 기도, 선교 등)가 사랑의 실천으로 이어지지 못할 때 그것은 외식(外飾)으로 평가될 수 있습니다. 예수 그리스도께서 "화 있을진저" 하시면서 바리새인들에게 경고한 내용이 그것입니다.(마23:1-36) 그리스도인은 하나님의 명령에 순종하지 않고 하나님 나라의 윤리에 따라 살지 않으면서 하나님을 기쁘시게 할 수는 없습니다. 그러므로 개인적인 경건생활도 중요하지만 타인을 향해 하나님 사랑을 실천하는 것을 간과해서는 안 됩니다.(약1:27) 적극적으로 사랑을 실천하는 행동은 하나님께 영광을 돌리는 행위이며 교회를 교회 되게 하고 그리스도인 개인의 인격적 성숙을 촉진시킬 것입니다.

3) 용서를 실천하며 삽니다.

주님의 긍휼을 받아 구원받았다면 그리스도인은 긍휼히 여기는 마음으로 긍휼을 베풀며 살아야 할 것입니다. 긍휼은 성령의 은사이기도 합니다. 선한 사마리아인의 이야기(눅10:25-37)와 1만 달란트 빚진 사람에 대한 이야기(마18:21-35)는 우리가 그리스도인으로서 어떻게 살아야 할지에 대한 방향제시인 것입니다. 사마리아인은 강도 만난 자와 아무런 이해관계도 없었습니다. 민족적, 종교적 선입관이나 신변의 위험을 생각지 않고 희생적인 사랑으로 돌봐주었습니다. 사마리아인의 행동은 긍휼히 여김을 받은 사람의 삶의 자세인 것입니다. 그와 정반대로 일생 동안 일해도 갚을 수 없는 1만 달란트나 되는 엄청난 빚을 탕감받고도 겨우 100데나리온 빚진 친구를 감옥에 가둬버린 사람의 행동은 우리의 삶을 뒤돌아보게 하는 메시지입니다. 진정 땅에서 풀어야 하늘에서도 풀릴 것입니다.(마16:19) 우리는 "너희가 각각 중심으로 형제를 용서하지 아니하면 너희 천부께서도 너희에게 이와 같이 하시리라."(마18:35)는 경고 메시지에 귀를 기울여야 할 것입니다.

위의 두 가지 비유에서 우리가 배워야 할 교훈은 첫째, 긍휼히 여김을 받은 자는 긍휼히 여기며 살아야 한다는 것입니다. 우리는 곤경에 처한 사람을 보고도 무심코 지나칠 수 있습니다. 자기중심주의에 빠져 허우적거리는 현대사회이지만 독불장군식의 삶은 절대로 하나님의 원하시는 바가 아닙니다. 사소한 것, 별것 아닌 것도 이해하거나 용서하지 못하고 살아가는 사람들 속에서 산다지만 그리스도인은 남을 돕고자 하는 마음, 불쌍히 여기는 마음으로 긍휼을 실천하며 살라는 것입니다. 둘째, 용서받은 자로서 남을 용서하며 살라는 것입니다. 타인의 아픔과 슬픔조차 함께하고자 하는 마음을 가지고 살아야 할 것입니다. 즐거워하는 자들과 함께 즐거워하고 우는 자들과 함께 울며 살아가는 것이 그리스도인의 진정한 삶인 것입니다.(롬12:15)

용서가 없는 세상을 생각해본 적이 있습니까? 정죄와 고소와 고발이 난무하고 복수와 보복이 당연시되는 사회가 과연 정의로운 사회, 건강한 사회라고 말할 수 있을까요? 그리스도인은 죄와 허물을 용서받은 자로서 용서하며 살아야 합니다. 그리스도인이 마치 자기는 아무 잘못한 일이 없는 의인처럼 행세한다면 그것이 교만입니다. 타인을 용서하고 허물을 가려주기보다 정죄하는 것은 하나님의 권한을 침해하는 월권이 되는 것입니다. 용서받았으니 용서하며 살아야 합니다. 세상에서 가장 아름다운 일은 용서일 것입니다.

예수 그리스도는 우리에게 용서를 가르쳐주셨습니다. "너희가 사람의 과실을 용서하면 너희 천부께서도 너희 과실을 용서하시리라."(마6:14) "서로 용납하고 서로 용서하되 주께서 너희를 용서하신 것같이 너희도 그리하라"(골3:13, 엡4:32) 독자 여러분! 비록 '상처받은 영혼'으로 살아왔을지라도 이제라도 마음의 응어리를 풀어버리고 용서하며 삽시다. 결국 타인을 용서하는 것은, 나의 마음에 평강과 위로를 주며 나의 길을 형통하게 한다는 측면에서 결국 나를 위한 것이기 때문입니다.

우리 역시 언제 어느 때 무슨 일을 만날지 알 수 없는 불확실성의 세계에서 살고 있습니다. 사람 사는 방식이야 저마다 다르겠지만 그리스도인은 긍휼히 여기는 마음으로 살아야 할 것입니다. 성경은 특히 고아와 과부와 나그네(이방인)에 대해서와 병자와 환란당한 자(전쟁, 지진, 홍수, 태풍 등 천재지변)에 대한 배려를 강조하고 있음을 간과하지 말아야 할 것입니다. 긍휼히 여기는 마음은 물질적으로 돕는 구제뿐만 아니라 영적인 극빈 상태를 보고 영혼구원을 위해 복음으로 도와주는 것입니다. 초대교회 그리스도인들처럼 하나님을 떠나 버림 받은 영혼들에게 따뜻한 마음으로 다가가 불쌍히 여기는 마음으로 복음을 전하는 것입니다. 영혼을 사랑하는 마음, 구령(救靈)의 열정은 우리를 긍휼을 실천할 수 있는 사람으로 만들어 줄 것입니다.

▶ 3. 긍휼히 여기는 사람이 받을 복 | 긍휼히 여김을 받음

우리가 형제와 이웃에게 긍휼을 베풀며 살 때 우리의 행동을 통해 하나님께 영광을 돌리게 되며 우리도 하나님께 긍휼히 여김을 받게 됩니다. 주님의 긍휼사역을 본받아 어렵고 힘들게 살아가는 이웃들에게 이타적인 사랑으로 최선을 다해 긍휼을 베풀며 사는 것이 천국시민의 삶의 모습입니다. 성경은 긍휼을 베풀지 않는 자들에게 긍휼 없는 심판을 경고하기도 합니다.(약2:13) 그러나 긍휼히 여기는 자들에게는 심판날에 칭찬과 상급을 약속하고 있습니다.(마25:31-46) 지극히 작은 자에게 행한 작은 일까지도 하나님께 한 것으로 인정해 주십니다. 주여, 나에게도 긍휼히 여기는 마음을 주옵소서!

그늘 사랑

당신은
그 누구에게
그늘이 되어준 적 있는가
기댈 언덕이 되어준 적 있는가
버팀목이 되어준 적 있는가
손잡이가 되어준 적 있는가
나룻배가 되어준 적 있는가
바나바가 되어준 적 있는가
인생의 의미가 되어준 적 있는가

당신은
그 누군가의
슬픔 가득한 눈물을 닦아주었는가
하찮은 이야기에 귀기울여주었는가
추억 속에 반짝이는 반딧불처럼
누군가의 가슴에 그리움으로 남아 있는가
문득 보고 싶은 사람으로 살고 있는가

당신은

그 누구에게게라도

흠뻑 받은 사랑 아낌없이 나눠주며

입이 마르도록 남을 칭찬할 수 있는가

흉금 터놓고 속마음을 나누고 싶을 때

당신의 이야기 귀기울여줄 사람이 있는가

－필자의 시집
　『순례자의 길을 가는 사랑하는 그대에게』에서

마음이 청결한 사람

"마음이 청결한 자는 복이 있나니
 그들이 하나님을 볼 것임이요."

"복이 있도다!
 마음이 청결한 자여,
 그들이 하나님을 볼 것임이요."

▶ 1. 마음의 청결이란?

팔복의 여섯 번째 말씀은 마음이 청결한 자가 받을 복에 관한 말씀입니다. 마음이란 심령, 정신, 혼, 영혼 등과 같이 일반적으로 구별 없이 사용되고 있습니다. 흔히 사람들은 마음은 가슴에 자리 잡고 있고, 정신은 머리에 자리 잡고 있다고 생각합니다만 '마음'이 시적 표현이라면 '정신'은 철학적 용어로 이해할 수 있을 것입니다. 그러나 마음(heart)과 영혼(spirit)은 엄연히 다른, 보이지 않는 실체입니다.

마음은 지적, 정서적, 의지적 작용의 자리이며 인간의 생각과 감정을 지배하는 능력이자 인격의 중심입니다. 그러므로 마음은 생각, 기억, 기쁨, 슬픔, 안정, 불안정, 가책, 결정 등의 기능을 갖고 그 상태의 어떠함을 표정과 행동을 통해 나타내는 것입니다. 이러한 마음이 깨끗한 사람은 하나님을 볼 수 있다는 것입니다. 마음의 청결은 하나님과의 교제에 있어서 필수적인 요소입니다. 하나님은 거룩하신 하나님이시기 때문입니다.(시 24:3,4)

그렇다면 마음의 청결은 무엇일까요? 그것은 마음이 깨끗하고 순수하고 순전하고 순결하여 잡것이 섞이지 않고 더럽혀지지 않은 것을 말합니다. 이러한 마음의 청결은 도덕적 차원이 아니라 신앙적 차원에서 거듭남으로 새사람이 될 때 비로소 가능한 것입니다.

▶ 2. 마음이 청결한 사람의 특성

마음이 청결한 자는 어떤 사람이며 어떤 사람이 청결한 마음을 가질 수 있을까요? 그것은 회개와 순종하는 믿음입니다.

1) 진실한 마음으로 회개하는 사람입니다.

예수 그리스도는 타락한 인생들의 마음에서 나오는 것이란 악한 생각, 살인, 간음, 음란, 도적질, 거짓증거, 훼방이라고 했습니다.(마15:19) 이와 같이 범죄하고 타락한 인생들이 그 더럽고 추한 죄악을 깨끗이 회개할 때 깨끗한 마음을 소유할 수 있게 됩니다. 사람이 그 마음의 악을 토해낼 때 성령은 그 마음을 청결하게 해주십니다. 예수 그리스도를 믿고 회개하면 심령이 깨끗하게 됩니다.(요일1:9)

2) 오직 하나님만 섬기는 사람입니다.

세상과 하나님을 겸하여 섬기지 않고 어린아이와 같은 순수한 마음으로 오직 하나님만 섬기는 사람이 될 때 마음이 청결하게 됩니다. 구약 이스라엘 백성들의 죄는 하나님과 더불어 가나안의 우상들을 하나님 섬기듯 섬겼다는 것입니다. 가나안 사람들의 문화와 종교풍속에 미혹당하여 하나님의 언약을 잊고 현실적인 삶을 추구했기 때문입니다. 선지자들이 시대마다 나타나 그것들은 모두 헛된 것이라고 외쳤어도 그들은 듣지 않았습니다. 그 결과 하나님의 백성일지라도 그들은 패망의 길을 걸어야 했습니다.

3) 중생한 영의 소욕에 따라 순종하며 사는 사람입니다.

세상의 물욕과 육체의 그릇된 정욕을 버리고 말씀 따라 사는 사람입니다. 부패한 옛 성품을 따라 세상미련을 버리지 못하고 사는 것이 아니라 성령을 따라 살아갈 때 속사람이 깨끗하게 됩니다. 겉사람은 나이가 들수록 쇠약해지고 무기력해질지라도 속사람은 날로 새로워지며 청결하게 될 것입니다.

마음이 청결한 자는 어떤 성향을 갖게 됩니까? 지난날의 죄악된 생활을 부끄러워합니다. 죄와 불의를 미워합니다. 위선과 기만과 거짓과 음란과 강포와 더러움으로 가득한 세상에서 살지라도 거룩한 것과 진실한 것과 선한 것을 추구합니다. 융통성이 모자라고 그로 인해 손해가 날지라도 악은 모양이라도 버리라고 했기 때문입니다. 자기의 몸을 불의의 병기가 아닌 의의 병기로서, 하나님의 도구로서 쓰임 받기를 원하며 삽니다.(롬 6:13) 죄의 종이 아니라 의의 종으로 삽니다. 여러분은 어떻습니까?

▶3. 마음이 청결한 자의 받을 복 : 하나님을 봄

우리는 하나님께서 창조하신 자연 만물에서 하나님의 아름다움과 하나님의 손길을 발견하게 됩니다. 인류 역사나 개인의 역사에서도 얼마든지 하나님의 섭리를 인식할 수 있습니다. 하나님은 영(靈)이십니다.(요4:24) 성경은 사람의 육안으로 볼 수 없다고 말합니다. "하나님은 가까이 못할 빛에 거하시고 아무 사람도 보지 못하였고 또 볼 수 없는 자이시니라."(딤전6:16) 출애굽기 33장 11절은 하나님과 모세와의 대면에서 하나님의 임재를 보여줍니다. 성경은 하나님의 얼굴을 보고 살 자가 없다고도 말씀합니다.(출33:20-23) 그런데 왜 예수 그리스도는 하나님을 볼 수 있다고 하셨을까요? 그것은 마음의 눈, 영혼의 눈으로 볼 수 있다는 것입니다. 하나님은 마음이 청결한 자에게 성령으로 자기를 나타내시며(계시), 하나님의 계시를 깨달아 알게 하시며(인식), 하나님 자신을 체험하게 하십니다(경험). 그러므로 하나님을 본다는 것은 하나님을 아는 것입니다. 하나님의 임재, 하나님의 함께하심(임마누엘)을 체험하는 것입니다.

현존하는 그리스도인들의 소원은 단 한 번만이라도

하나님의 얼굴을 뵙는 것이라고 말할 수 있을 것입니다. 필자 역시 그러했으니까요. 그것은 우리를 그토록 사랑해 주시는 분에 대한 동경심이겠지요. 12제자 중 한 사람인 빌립은 예수님에게 (하나님) 아버지를 보여 달라고 했습니다. 그때 예수님의 대답은 "나를 본 자는 아버지를 보았거늘 어찌하여 아버지를 보이라 하느냐?"고 하셨습니다.(요14:8-11, 골1:15-17)

선지자 이사야가 성전에서 기도하다가 하나님 앞에 서 있는 자신의 모습에서 가장 먼저 발견한 것은 자신의 불결함이었습니다. 그러므로 "화로다 나여 망하게 되었도다" 하며 탄식했던 것입니다.(사6:5) 천국은 죄를 가지고는 못 들어갑니다. 심령이 깨끗한 자만이 천국에 들어가 거룩하신 하나님을 뵈올 것입니다.

그런 의미에서 하나님을 본다는 것과 천국(영생)에 들어간다는 말은 동일한 의미로 해석될 수 있을 것입니다. 그리스도인들은 지상에서도 청결한 마음으로 하나님과 교제가 이루어지지만 주께서 재림하시는 그날! 변화된 신령한 몸으로 주의 얼굴을 뵙게 될 것이며 영원토록 복 누리며 살게 될 것입니다. 이러한 소망이 있기에 그리스

도인은 죄를 멀리하며 깨끗한 심령으로 살고자 몸부림
치는 것입니다.

1 내 마음이 성령께서 거하시는 성전(聖殿)임을
   의식하며 살고 있습니까?
2 청결한 마음이 하나님과의 교제에서
   가장 중요한 요소임을 알고 있습니까?
3 죄와 악을 멀리하며 하나님을 가까이하며
   살고 계십니까?
4 습관적으로 자신의 내면을 들여다보며
   죄를 고백하며 사십니까?(요일1:9)
5 내 몸을 관리하듯이 내 마음을 잘 관리하고
   계십니까?

화평케 하는 사람

"화평케 하는 자는 복이 있나니
 그들이 하나님의 아들이라
 일컬음을 받을 것임이요."

"복이 있도다! 화평케 하는 자여,
 이는 그들이 하나님의 아들이라
 칭함을 받으리라."

七福

주님은 우리에게 평강 주시기를 원하십니다.(눅24:36, 요20:19) 사람들 역시 평강을 원합니다. 이스라엘 백성들이 샬롬(Shalom)을 추구하듯이 사람은 누구나 평화를 원하며 평화로운 세상에서 두려움이나 걱정근심 없이 살고 싶어 합니다. 평화란 공기와 같이 또 자유와 같이 삶의 기본적이며 필수적인 요소입니다. 평화 없이는 개인이나 가정이나 국가나 행복할 수 없습니다. 그러므로 인간은 평화를 갈망하며 평화를 추구합니다. 불안과 공포, 불안정한 상태에서는 결코 행복할 수 없기 때문입니다.

그럼에도 불구하고 대다수의 사람들은 이 세상에서 평화를 누리며 살지 못합니다. 그 이유는 무엇일까요?

1) 평화란 원한다고 해서 찾아오는 것이
   아니기 때문입니다.
2) 하나님과의 관계회복이 우선이기 때문입니다.
3) 분쟁과 싸움으로 평화를 깨뜨려 놓으려는
   사탄의 방해공작 때문입니다.
4) 아직도 평화를 위해 노력하는 사람(peace-maker)
   이 적기 때문입니다.

▶ 1. 화평이란 무엇일까요?

화평이란 히브리어로는 샬롬(Shalom)이라 하고 헬라어로는 에이레네($\varepsilon i \rho \acute{\eta} \nu \eta$)라고 하며 라틴어로는 팍스(Pax), 영어로는 피스(peace)라고 합니다. 화평이란 말은 우리말에서 다양하게 표현됩니다. 평화, 평안, 평강, 화목, 화친, 안녕 등이 그것입니다. 평화란 완전함, 조화와 통일, 불안과 두려움이 없는 상태, 부족함이 없는 만족한 상태, 분쟁이나 전쟁이 없는 상태를 말합니다.

본문의 의미는 한 걸음 더 나아가 예수 그리스도를 통해 얻게 되는 하나님나라의 행복과 평안을 말합니다. 복음은 평화를 만드는 소식으로 화목하게 하는 말씀입니다. 그러므로 진정으로 평화를 원한다면 먼저 복음을 듣고 하나님과 화목할 수 있어야 합니다. 하나님과의 관계를 회복하는 것이 우선이기 때문입니다. 예수 그리스도는 하나님과의 관계회복을 위해 화목제물이 되셔서 십자가에 못 박혀 돌아가셨습니다. 하나님과의 화목은 인간의 노력으로 되는 것이 아니라 예수 그리스도를 영접하고 진정으로 회개하고 믿음을 가질 때 가능한 것입니다. 주님 품으로 돌아올 때 참 평화를 얻게 되는 것입니다.(엡2:14) 그럴 때 세상이 줄 수 없는 평안, 세상 그 어느 곳에서도 경험할 수 없었던 참된 평안을 맛보게 될 것입니다. 주님이 주시는 평화! 그 평화 없이 진정한 행복은 불가능합니다.

▶2. 화평케 하는 사람의 특성

예수 그리스도는 '화평케 하는 자'가 되라고 말씀하셨습니다. 오늘날까지도 세계 곳곳에는 갈등과 불화가 있고 살인, 강도, 전쟁, 테러 등 두려움을 주는 요소들이 산재해 있습니다. 인간의 삶의 현장인 사회와 집단의 요소요소에 미움, 다툼, 시기, 질투, 불신, 욕심, 이기주의, 독선으로 인해 조화와 균형이 상실되고 불협화음이 팽

배해 있기 때문입니다.

  사랑의 부족, 신뢰의 부족, 이해의 부족은 인간관계에서 평화를 좀먹는 요인이 되고 있습니다. 그러므로 국가 간, 민족 간, 종족 간에 크고 작은 전쟁이 그칠 날이 없는 것입니다. 민족적 자존심과 우월감을 내세우며 다투고 있고, 이념과 힘의 우위를 지키려고, 경제적 이익과 영토 확장을 위하여 특히 이웃하고 있는 국가 간 분쟁은 각처에서 지속되고 있습니다. 기업체마다 공생과 상생의 공동체를 형성하기보다 노사 간 과격한 갈등과 마찰은 연례행사가 되고 있습니다. 가정에서는 고부 간, 부부 간, 형제 간에 화목하지 못한 일들이 다반사로 일어나고 있습니다. 심지어 교회 내에서조차 파벌을 형성하거나 사회적으로 부끄러운 일들이 적지 않게 일어나 하나님의 영광을 가리는 일이 발생하기도 합니다.

  주님은 평화의 왕으로 이 세상에 오셨고 평화를 위해 일생을 사셨으며 우리에게 평화의 길이 무엇인가를 교훈과 삶을 통해 보여주셨습니다. 주님께서 주시는 평강은 인간의 지각을 뛰어넘는 것으로 인간적인 이해와 상상력을 능가하는 하나님의 평강으로 세상이 주는 것과

는 다른 것이라고 했습니다.(요14:27)

　사탄은 분쟁의 중심부에 자리 잡고 있으면서 싸움을 부추기지만 주님은 우리에게 화평을 주시고 우리가 화평케 하는 자가 되기를 원하십니다. 그러므로 화평케 하는 자가 되라는 것입니다. 화평케 하는 자란 영어성경(KJV)에서 피스메이커(peace-maker) 곧 '평화를 만들어내는 사람'이라고 했습니다. 화평케 하는 자는 단순히 평화를 원하는 자가 아니라 하나님과 사람, 사람과 사람 사이에 평화가 이뤄지도록 힘쓰는 사람입니다. 화평케 하는 사람의 삶의 태도는 나보다 남을 낮게 여기는 것입니다. 화평케 하는 일의 출발점은 타인에 대해서 인격적인 대우를 하며 긍정적으로 말해줄 수 있는 사람이 되는 것입니다.

　사탄은 '거짓의 아비'로서 평화를 미워하고 평화를 파괴하는 자입니다. 그리스도인의 부족함을 들추어내며, 참소하고 모함하여 오해받게 하며 이간질하고 꼬투리를 잡아서 넘어뜨리거나 그의 손아귀에 사로잡혀 말썽과 분쟁을 야기시키는 문제아(trouble-maker)가 되게 합니다. 그렇지만 예수 그리스도에게 속한 자는 평화를 위해 일하는 사람이 되어야 합니다. 가족관계나 지역사회 활동에서 그리고 생활 속에서 만나는 모든 사람들과의 관계에서 화평케 하는 자로 살아야 할 것입니다. 이 일에 필요한 덕목들을 몇 가지만 열거하자면 친절, 희생, 봉사, 관용, 이해, 사랑, 인내, 배려, 존경, 겸손을 들 수 있을 것입니다.

주님은 "너희 속에 소금을 두고 서로 화목하라" 하셨습니다.(막9:50) 사도 바울은 고린도교회에 보낸 편지에서 모든 그리스도인들은 화목케 하는 말씀을 받은 사람들로서 "화목케 하는 직책"을 받았다고 했습니다.(고후5:18-20) "평강을 위하여 너희가 한 몸으로 부르심을 받았다"고 했습니다.(골3:15) "할 수 있거든 모든 사람과 더불어 평화하라"고 했습니다.(롬12:18) 히브리서 기자는 "모든 사람들과 더불어 화평함과 거룩함을 추구하라"고 했습니다.(히12:14) 특히 교회 안에서 화평을 위해 덕을 세우는 일은 그리스도의 몸인 교회의 정체성을 세우는 중요한 요소입니다.

▶ 3. 화평케 하는 사람이 받을 복 :
하나님의 아들이라 일컬음

화평은 하나님의 성품이며 성령의 열매입니다.(벧후 1:4, 갈5:22) 하나님의 아들이라 칭함을 받는다는 것은 하나님의 자녀로 인정받게 된다는 것이요, 아들이 아버지의 성품을 닮는 것처럼 거듭난 새 생명으로서 하나님의 성품을 소유한 자로 인정을 받는 것입니다. 모든 그리스도인들은 화평케 하는 자가 되어야 합니다. 그럴 때 하나님을 닮은 하나님의 자녀로 인정받을 수 있을 것입니다. 본문의 강조점은 선민으로서의 탁월한 지위보다는 회복된 하나님의 형상, 변화된 성품을 말하는 것입니다.

오늘날 이 시대의 고민은 그리스도인이 초대교회처럼 존경과 칭찬의 대상이 되지 못하고 있다는 것입니다. 이러한 현실은 우리를 슬프게 합니다. 그렇지만 여러분 한 사람 한 사람이 자신들이 머물고 있는 지역사회에서 평화를 위해 일하는 사람이 될 때 주님은 평화를 위한 사역에 우리를 사용해 주실 것입니다. 화평케 하는 자의 생애를 사시기 바랍니다.

▶ 4. 적용 | 당신은 화평케 하는 자입니까?

1 하나님께서 평화를 위해 보내신 평강의 왕을 알고 계십니까?

2 당신에게 평화의 사신 역할이 주어져 있는 것을 아십니까?

3 화평케 하는 자로 살기 위해 어떤 노력을 기울이고 계십니까?

4 전쟁과 불화와 갈등이 가득한 세상에서 평화를 위해 기도하십니까?

5 당신은 삶의 현장에서 피스메이커입니까, 트러블메이커입니까?

VIII 의를 위하여 박해를 받은 사람

"의를 위하여 박해를 받은 자는
 복이 있나니
 천국이 그들의 것임이라."

"복이 있도다!
 의로 인하여 박해를 받은 자여,
 이는 천국이 저희 것임이라."

八福

권력을 부여잡고 군림하는 것이 복이지 박해당하며 사는 것을 어찌 복이라 할 수 있을까요? 예수 믿고 복을 받아 잘되고 잘살아야지 예수 믿고 손해보고 고통당하고 사는 것을 어찌 복이라 할 수 있을까요? 예수 믿고 나서 예수님을 믿는다는 이유로 핍박과 고난을 당한다는 것은 쉽게 이해될 수 있는 일이 아닐 것입니다. 교회 안에는 예수 믿고 건강하고 행복한 가정을 이루고 경제적으로 풍요롭고 원하는 소망이 다 이루어지기를 갈망하는 사람들로 가득합니다. 어쩌면 너나 할 것 없이 누구나 세상에 나가서도 권세를 누리고 인정받고 인기를 누리는 것이 신자의 특권이며 기본 옵션으로 생각할 수 있습니다. 당신은 신앙 때문에, 예수님 때문에 핍박을 받아본 적이 있습니까? 우리에게 아무런 핍박이 없었다면 우리의 신앙이 참된 신앙인지 반문해볼 수 있어야 할 것입니다.

초대교회는 313년 로마 황제 콘스탄티누스에 의해 기독교가 공인(밀라노칙령)되고 380년(로마전역 392년) 데오도시우스 황제(379-395)가 기독교를 국교로 선포하기까지 오랫동안 박해를 당했습니다. 한국교회는 예수 믿고 박해당하는 것이 무엇인지를 일본제국주의 치하와 한국전쟁과 군사독재정권의 탄압을 겪으면서 경험했습니다. 북한의 지하교회 성도들은 지금도 그것이 무엇을 의미하는지 잘 경험하고 있습니다. 21세기에도 사회주의 국가나 이슬람 국가에서 기독교는 핍박받는 종교로 남아 있습니다.

산업화의 물결 속에서 경제적 부흥을 이루면서 한국교회는 예수 믿고 축복받는 것에만 몰두했지 예수 믿고 손해보고 고통 받는 것에 대해서는 잘 가르치지 못했습니다. 그야말로 잘되고 복 받고 편안하게 예수 믿는 것만 가르친 것입니다. 그 결과 교회 내에 관람객은 많으나 헌신적인 사람은 드물고, 그리스도의 정예 군사들을 찾아보기가 쉽지 않게 되었습니다. 오합지졸들로 즐비

한 광경이 연출되고 있습니다. 갈수록 교회 안팎에서 그리스도인다운 사람을 찾기가 천연기념물을 찾는 것처럼 쉽지 않은 현실입니다.

　로마서 10장 10절에서는 "마음으로 믿어 의에 이르고 입으로 시인하여 구원에 이른다"고 말씀했습니다. 우리는 죽음을 각오하고 예수를 시인했던 초대교회의 상황을 이해하지 못하고 그냥 믿는다고 말만 하면 구원받는다는 식의 '값싼 예수'만을 가르치고 있는지도 모릅니다. 오늘날 한국에서 예수 믿는 것은 어려운 일이 아닙니다. 교회마다 수평이동이 잦은 문화에서 어디 가나 교회는 많고 새 신자는 무조건 환영을 받습니다. 과거에 어찌 살았든지 삶의 변화가 있건 없건 믿음의 '고백'만 있으면 된다고 생각합니다. 우리가 오해하지 말아야 할 것은 예수님의 제자로 살아가는 것은 사역자들에게 한정된 것이 아닙니다. 그것은 자기 십자가를 져야 하고 때로는 사명 때문에 부모형제, 고향, 삶의 근거지까지도 떠나야 하며, 재산뿐만 아니라 생명의 위험을 무릅써야 할 때도 있다는 사실을 기억해야 할 것입니다. 내가 믿는 기독교는 예수 그리스도의 십자가 보혈과 앞서 믿음의 삶을 살다 간 순교자의 피 뿌림 위에서 피어난 꽃이라는 사실을 기억해야 합니다.

본문은 심령이 가난한 자가 복이 있다고 하신 말씀처럼 역설적 진리이며 최고의 축복, 가장 큰 영적 축복에 관한 말씀임을 깨달아야 합니다. 주님은 어떤 이유로든지 박해를 당하는 자가 복이 있다고 하지 않았습니다. 자기 잘못으로 인해 당하는 불이익이나 고통은 여기에 해당되지 않습니다. 의를 위하여 박해를 받은 자가 복이 있다고 했습니다. 의를 위하여 박해를 받는 것은 무엇이며 의를 위하여 박해를 받은 자란 어떤 사람을 말하는 것일까요?

▶1. 의를 위하여 박해받는다는 것은?

의를 위하여 박해를 받는 자란 사회정의를 위해 앞장서다가 정치권력에 의해 박해당하는 것으로 해석하는 사람들이 있습니다. 그것은 '사회복음'을 주장하는 신학자들의 해석입니다. 의를 위한 박해의 본래 의미는 첫째, 예수님을 위해 박해를 당하는 사람을 말합니다. 둘째, 예수님을 믿는 신앙 때문에 고난을 당하는 사람을 말하는 것입니다. 본문은 의를 위한 박해와 주님을 위한 박해를 동일시하고 있기 때문입니다. 마태복음 5장 11절에서 '나로 말미암아'라고 하신 말씀에 주목해야 합니다. 예수님 때문에, 예수님을 믿는 신앙 때문에 욕먹고 소외당하고 비난받으며 고난을 당할 때 복이 있다고 하신 것입니다. 그러므로 의를 위해 당하는 고난은 기독교 신앙 때문에 당하는 고난과 같은 의미입니다.

환란과 핍박은 예수님의 재림 직전의 환란 시기에만 있는 것이 아닙니다. 초대교회 그리스도인들은 예수를 믿는다는 이유로 그들의 사회공동체에서 출교를 당해야 했습니다. 가정에서 푸대접을 받아야 했으며 직장에서 떠나야 했고 재산을 몰수당하고 사회적 냉대를 감수해야 했습니다. 이스라엘 사람인 경우에는 회당에서 출교를 당하고 마을에서 추방을 당해야 했습니다. 스페인에서는 유대인추방령으로, 나치정권에서는 인종말살정책으로 전 세계로 흩어졌고, 떠나지 못한 사람들은 끔찍한 죽음으로 일생을 마감해야 했습니다. 이러한 일들은 지금도 인도를 비롯한 복음의 불모지에서 비일비재합니다. 전통적인 종교를 거부하고 기독교인이 되었을 경우에는 종교가 다르다는 이유로 사회로부터 멸시와 천대를 받고 급기야 순교의 제물이 되는 경우가 종종 발생하고 있기 때문입니다.

　18세기 한국사회에서 신앙의 선구자들은 전통적인 종교인 유교나 불교가 아닌 다른 신앙을 가졌다는 이유로 순교의 제물이 되어야 했습니다. 절두산은 오늘도 신유박해 등 그 당시의 참상을 말해주고 있습니다. 일제치하에서는 일왕(日王)을 숭배하거나 신사참배를 하지 않는다는 이유로 교회가 문을 닫아야 했고 일제에 협력하지 않는 모든 선교사들은 일제히 추방당해야 했으며, 수많은 순교자가 나왔습니다.

　북한의 공산치하에서의 박해는 아직까지도 그 실상이 공개되지 않고 있지만 증언에 따르면 상상을 초월한 것임을 알 수 있습니다. 평양의 23미터 높이 김일성 동상이 세워진 자리는 산정현교회의 터입니다. 전국 각처에 세워진 동상은 느브갓네살의 종교정책을 방불케 합니다. 중국 문화혁명 때에도 교회들은 일제히 문을 닫아야 했습니다. 교회는 폐쇄되었으며 신자들은 지하에 숨어 예배를 드려야 했습니다. 오늘날에도 신앙의 자유가 유린당하고 있습니다. 이슬람권의 선교 역시 생명의 위험을 무릅써야 하는 상황이 지속되고 있습니다.

오늘날에도 기독교 신앙의 뿌리가 있는 가정은 별 어려움이 없을지라도 유교나 불교 집안으로 출가했거나 그러한 집안에서 기독교 신앙의 선구자 역할을 하는 사람들은 어려움이 적지 않습니다. 시부모나 형제, 배우자나 그들의 친척들로부터 참기 어려운 비방과 견디기 어려운 고통과 수모를 당하는 경우가 많기 때문입니다. 특히 가족행사나 가정의례를 빙자한 제사 문제로 마찰이 심합니다. 그리스도인들의 지혜로운 대처가 필요한 문제일 것입니다. 이러한 상황에서 그리스도인들은 어떻게 해야 할까요? 화를 내며 맞서 욕하고 대항하다가 싸움을 일으키는 경우도 있고, 부부간에 심각한 이견으로 갈등을 겪다가 이혼에 이르는 경우도 있습니다. 가족관계를 단절하고 살거나 믿음에서 떠나거나 무신론자로 살거나 심지어 기독교 신앙을 떠나 타종교로 개종하는 경우도 있습니다.

▶ 2. 의를 위하여 박해를 받은 사람

본문은 이렇게 기록되어 있습니다. "기뻐하고 즐거워하라. 하늘에서 너희의 상이 큼이라." 우리가 박해를 당하는 중에도 기뻐할 이유는 천국에서 받을 상이 크다는 사실입니다. 박해를 통해 우리의 믿음이 단련되고 거룩하고 흠이 없는 사람으로 인격을 다듬어 갈 수 있습니다. 고통을 견뎌내기가 쉽지 않지만 성화구원을 이루어 나가는 방편이 되기도 합니다. 그리스도인들이 박해당하는 것은 사탄의 권세 아래 있는 세상이 우리를 용납하지 못하기 때문입니다. 그러므로 박해가 있다는 사실은 사탄의 발악이요 나의 믿음이 살아 있다는 증거이며, 의의 길을 가고 있다는 증거인 것입니다. 신앙 때문에 당하는 핍박은 때로는 당연한 것으로 받아들일 수 있어야 할 것입니다.

역사 이래 하나님의 편, 진리의 편에 선 사람들은 항상 세상과 마찰을 빚어왔고 온갖 박해를 받아왔습니다. 주님은 이렇게 말씀했습니다. "너희 전에 있던 선지자들을 이같이 박해하였느니라."(마5:12) 사도 바울은 그리스도 예수 안에서 경건하게 살고자 하는 자는 박해를 받으리라고 했습니다.(딤후3:12) 사도와 선지자들의 후예로서 그들의 길을 따라가노라면 시련이 있을 수 있습니다. 사도 베드로는 그리스도를 위해 능욕받는 일을 기쁘게 여기며 전도자의 삶을 살았습니다.(행5:41) 십자가 없이는 면류관도 없습니다. 이 진리를 깨달은 사도 바울은 환란 중에도 즐거워하며 사명자의 길을 갔습니다.(롬5:3,4) 그는 이렇게 고백했습니다. "현재의 고난은 장차 우리에게 나타날 영광과 족히 비교할 수 없도다."(롬8:18)

주기철, 주남선, 이기선, 손양원 목사 등 한국교회의 순교자들은 환란과 핍박 중에도 믿음을 지키며 백절불굴, 일편단심으로 살다가 하나님나라에 들어갔습니다. 그들이 시련과 고통을 견뎌낼 수 있었던 것은 의의 면류관을 바라보았기 때문입니다.(딤후4:7,8) 그러므로 우리들의 신앙생활에서 아무런 고난이 없다는 것은 반성해 볼 여지가 있습니다. 예수를 믿되 거북이식 또는 카멜레온식으로 믿는 사람은 세상과 적당히 타협하며 양지를 찾아다니면서 고난과 핍박을 회피하며 살고 있는 것은 아닌지 살펴볼 수 있어야 할 것입니다.

이스라엘의 지도자 모세는 하나님의 백성과 함께 고난받기를 잠시 죄악의 낙(樂)을 누리는 것보다 더 좋아하였다고 했습니다. 그 이유는 상 주심을 바라보았기 때문입니다.(히11:24) 사도 바울 역시 상 주심을 바라보았기 때문에 예수 그리스도를 위하여 세상의 부귀영화를 분토와 같이 여겼습니다.(딤후4:8) 아브라함, 노아, 모세, 이사야, 예레미야, 엘리야, 다니엘과 그의 친구들인 하나냐와 미사엘과 아사랴 역시 핍박을 두려워하지 않고 진리의 길을 선택했습니다. 베드로, 바울, 야고보, 마태, 도마 등 제자들 역시 순교자의 길을 갔습니다. 스데반 역시 죽어가면서도 예수님처럼 기도했고 기쁘게 죽음을 맞이했습니다.(행7:59-60)

예수님과 고락을 함께하며 복음을 위해 일생을 살았던 사도들 역시 의를 위하여 고난당하는 자가 복이 있다고 했습니다. 베드로는 "의를 위하여 고난을 받으면 복 있는 자"라 하면서 "너희가 그리스도의 고난에 참여하는 것으로 즐거워하라"고 했습니다.(벧전3:13,14) 바울은 "하나님께서 우리에게 은혜를 주신 것은 다만 그를 믿을 뿐만 아니라 그를 위하여 고난도 받게 하려 하심이라"고 했습니다.(빌1:29) 신앙의 순수성을 지키며 믿음으로 살고자 하는 사람은 정도의 차이는 있을지라도 핍박이 있을 수 있습니다. 그 수모와 고통은 주님께서 재림하실 때 심판주로서 갚아주실 것입니다. 원수 갚는 것은 심판자이신 하나님의 소관이며 그분께서 하실 일이기 때문입니다.(롬12:19)

"세상에서는 너희가 환난을 당하나 담대하라.

　내가 세상을 이기었노라!"(요16:33)

▶3. 의를 위하여 박해를 받은 사람의 복 : 천국

　어떤 사람들은 천국의 공평성을 이야기하면서 상급의
차등이나 차이가 없을 것이라고 말합니다. 그렇지만 성
경은 달란트 비유나 므나 비유에서는 물론 많은 곳에서
상급을 약속하고 있습니다. 특히 팔복에서 언급하고 있
는 상급은 모두 천국과 관련되어 있습니다.

　성경은 선행에 따른 상급을 약속하고 있습니다. 뿐만
아니라 상급의 차등이 있을 것을 말하고 있습니다. 그럼
에도 불구하고 상급을 부인하는 신학자들도 있습니다.
상급을 부인하는 자들은 일반적으로 마태복음 20:1-16
을 인용하여 포도원에 들어와 일한 사람 모두에게 한 데
나리온이 지급된 것처럼 모든 사람이 천국에 들어가면
동등한 대우를 받게 된다는 것입니다. 또한 믿음이 은혜
이며 선물인데 선행의 결과로 상급을 논하는 것은 개인
의 공로로 취급될 우려가 있기 때문이라고 합니다. 그들
은 원인과 결과적인 측면에서 선행을 하면 당연히 지상

에서 상급이 주어지는 것이기 때문에 천국에서의 상급
은 없다는 것입니다.[8]

그러나 성경의 약속대로 상급은 분명히 있습니다. 그
리고 상급에도 차등이 있을 것입니다. 그렇지만 성경의
표현은 구체적인 언급이 아니라 상징적이며 비유적입니
다. 하나님은 공의의 심판자이십니다. 구원받은 그리스
도인은 천국과 지옥의 심판은 없으나 그리스도의 심판
대 앞에서 각각 선악 간에 행한 바에 따라 심판을 받게
될 것입니다.(고후5:10) 순종의 양과 질에 따른 상급에
도 차등이 있을 것입니다.[9] 누가복음 19:11-27의 므나
비유는 천국상급이 있으며 그 상급에도 차등이 있을 것
임을 가르쳐줍니다. 마태복음 10:40-42에서도 선지자
의 상, 의인의 상, 제자의 상에 대해 언급하고 있습니다.
베드로의 질문에 대한 답변에서와 같이 상급은 분명히
있습니다.(마19:27)

이러한 상급 논리는 그리스도인의 인격과 참된 삶의

---

8) 권성수, 「천국상급」(서울:도서출판 나비, 1990), 13-20.
9) 마태복음16:27, 고린도후서5:9, 요한복음5:29, 고린도후서5:10,
마태복음5:10,12,19,

동기를 부여하며 참된 삶을 촉진시킵니다. 종말론적 인생관을 갖고 살아가게 합니다. 그렇지만 자기의 의와 공로를 내세우는 것은 상급의 참된 의미를 퇴색시킵니다. 그것은 하나님의 주권에 속한 일이기 때문입니다.

상급을 바라보며 사는 것은 모세와 바울이 그러했듯이 그리스도인의 당연한 삶의 태도일 것입니다.(히 11:26, 빌3:14) 그러나 자기의 의를 내세우고 주장하거나 타인에 대한 비교의식을 갖거나 명예와 영광을 탐내거나 자기과시나 반대급부를 바라지 말아야 합니다. 상급을 공로에 의한 것으로 받아들이는 것 역시 비성경적인 것이기 때문입니다. 그리스도인은 청지기의식과 무익한 종이라는 생각을 가져야 하며, 선행은 은밀한 것이어야 합니다.(마6:2-18) 그리고 상급에 대한 최종 결정은 하나님의 절대주권임을 인정해야 합니다. 선행은 마지막 심판의 기준이 됩니다. 현대사회에서 신자의 행함과 심판에 대한 연구는 간과되고 무시되는 경향이 있습니다. 그러나 성경은 심판이 있음을 분명히 경고하고 있습니다.

사도 바울은 "우리가 다 반드시 그리스도 심판대 앞에

드러나 각각 선악 간에 그 몸으로 행한 것을 따라 받으려 함이라"고 하였습니다.(고후5:9-10) 그리스도의 심판대는 신자의 무죄판결을 위해서와 신자의 충성을 촉진하고 격려하기 위해서 필요합니다. 신자의 구원은 은혜로 인하여 믿음으로 말미암은 것이나 그리스도 안에서 선한 일을 위하여 지음받은 사실을 간과하지 말아야할 것입니다.(엡2:8-9)

구원과 관련해서 행함의 문제는 구원 후 어떠한 삶을 살았는지에 대한 문제입니다. 참된 그리스도인에게 그리스도의 심판대는 형벌의 자리가 아니라 칭찬의 자리가 될 것입니다.(고전4:3-5) 거기서 하나님은 신자의 행위에 따라 상을 주실 것입니다.(계11:18) 상이란 행한 일에 근거합니다. 상급은 더 아름답고 복된 신앙의 삶을 살아가도록 우리의 열심을 자극하기 때문입니다.[10] 그러므로 그리스도인은 장차 상을 받게 된다는 점에서 평안함과 안정을 추구하는 비신자의 삶의 형태를 추종하는 것이 아니라 참된 그리스도인의 삶이 무엇인지를 생각하며 현재의 삶을 다스려나가야 할 것입니다.

---

10) Theodore H. Epp, 홍관옥 역, 「신자의 헌신과 보상」(서울:바울서신사, 1991), 64-67.

심령이 가난한 자가 애통하게 되고, 애통한 자가 온유한 자가 되고, 의에 주리고 목마른 자가 되고, 긍휼히 여기는 자가 되고, 마음이 청결한 자가 되고, 화평케 하는 자가 되며, 궁극적으로 의를 위하여 박해를 당하게 될지라도 그것까지도 기쁘게 감내할 수 있는 자리에 이르게 될 때 영광의 나라 천국을 상급으로 받게 된다는 것입니다.

팔복은 각 단계마다 서로 밀접한 연관성을 가지고 있으며 구원받은 자의 신앙과 인격의 성장과 성화의 과정을 보여줍니다. 동시에 그리스도인들의 최고 상급은 천국(영생)임을 보여줍니다. 천국은 치열한 영적 전쟁터인 이 세상에서의 영적 패잔병들을 거둬들이는 수용소가 아니라 이 세상에서 믿음으로 승리한 자들이 개선가를 부르며 입성하는 영광스러운 나라입니다. 독자 여러분에게도 이 영광스러운 날이 반드시 임하게 되기를 기도합니다.

4. 적용 | 당신은 의를 위하여 핍박받은 적이 있습니까?

1 나의 이익과 성공을 위해 주님께서
   눈 감아 주시기를 바라지는 않았나요?

2 불신앙의 가족과 친구들 틈에서 당당하게
   그리스도인임을 고백하며 사시나요?

3 손해와 불이익과 고통이 있을지라도
   믿음을 지키며 살고 있나요?

4 고난과 역경 속에서 살아가는
   그리스도인들을 위해 기도하고 있나요?

5 앞으로 어떠한 고난이 와도 믿음을
   포기하지 않고 순교를 각오할 수 있나요?

IX 또 하나의 복 ─ 주는 사람

"주는 것이 받는 것보다
복이 있다."

복음서에는 기록이 없지만 사도행전 20장 35절은, 사도 바울이 에베소교회의 장로들에게 권면하는 설교 중 "주 예수의 친히 말씀하신 바 주는 것이 받는 것보다 복이 있다"고 한 말씀을 기록하고 있습니다. 이 말씀은 제자들 사이에 구전(口傳)되었던 것으로 그 참된 의미를 되새기게 합니다.

　사람은 상호의존적인 존재입니다. 아담과 하와에게 가정을 이루게 하신 하나님의 창조목적과 사회공동체를 이루어 더불어 살아가도록 하신 바벨탑 이후의 인류 변천사에서도, 개인과 개인의 관계뿐만 아니라 국제관계까지도 상대방을 인정하고 상부상조하는 길만이 모두가 공존, 공생, 공영하는 길인 것을 가르쳐줍니다. 열강들의 제국주의적 일방주의 행태가 성공을 거두지 못하고 결국 소멸의 길을 걷게 된 것도 공존을 위한 하나님의 섭리와 질서를 거슬리는 행위였기 때문일 것입니다.

▶ 왜 주는 것이 더 복된 행동입니까?

사람들은 선물을 좋아합니다. 주는 것보다 받는 것을 축복으로 인식하며 살아갑니다. 생애주기에서 사람들은 일정시기를 살아가면서 부모와 사회, 학교와 선생님 등의 돌봄 속에서 성장합니다. 하지만 청소년 시기를 지나 성인이 되면 이제는 자기 행동에 대해 책임을 져야 할 뿐만 아니라 타인과의 관계에서 서로를 도와줄 수 있는 관계로 성숙해 가야 합니다. 받기만 하고 베풀 줄 모르는 행동은 개인의 성숙에 역기능을 초래하며 사회로부터 환영받지 못하는 존재로 전락하게 할 것입니다. 예수 그리스도는 왜 주는 것이 더 복되다 하셨을까요? 인생의 참된 축복은 어리석은 부자의 실패(눅12:13-21)에서 볼 수 있듯이 재물의 축적이 아니라 물질과 은사와 재능을 선한 목적을 위해 활용할 때 위로부터 주어지는 것입니다.[11]

11) 김의환, 「성경적 축복관」(서울:성광문화사, 1987), 58.

1) 나눔은 성숙한 그리스도인의 길이기 때문입니다.

남에게 베푸는 행동은 자기만을 생각하는 에고이즘 (egoism)에서 벗어나 이기심을 극복한 사람으로서 성숙한 그리스도인이 된 증거라 할 수 있습니다. 그리스도인이라 할지라도 주는 것보다 받기를 더 좋아하는 사람들이 많습니다. 그것은 여러 이유가 있겠지만 타락한 본능과 세상 풍속과 사회 관념과 자기중심적 습성에 젖어 있기 때문일 것입니다. 하나님과의 관계에서도 계속해서 하나님께 도움을 구하면서 감사를 표현할 줄 모르는 사람들이 많습니다. 물질에 대한 욕심 때문입니다. 그러므로 남에게 줄 줄 안다는 것은 욕심의 늪에 빠져 사는 사람이 아님을 입증하는 것이며 성령을 따라 살아가는 그리스도인의 모습을 보여주는 것입니다.

사람들은 다른 사람들과의 관계에서도 항상 혜택을 받고 집단에서 섬김을 받고 높임을 받는 자리를 더 좋아합니다. 이러한 삶의 행태는 인격의 미성숙을 드러내는 증거입니다. 성숙한 삶은 하루아침에 만들어지지 않습니다. 남에게 받는 선물도 기쁨을 주지만 남에게 베푸는 선행은 그와는 비교할 수 없는 큰 기쁨을 줍니다. 예수 그리스도의 공생애 당시 서기관과 바리새인들은 인사받기, 대접받기, 칭찬받기를 좋아하는 사람들이었습니다. 그들은 율법을 가르치면서도 행동으로 실천하지 못했습니다. 대접받기를 좋아하면서도 대접할 줄 몰랐고, 섬김 받기를 원하였지만 섬길 줄 몰랐습니다. 그러므로 그들의 행동은 위선(僞善)으로 정죄받게 된 것입니다.(마 23:1-36)

2) 나눔은 이웃사랑을 실천하는 행동이기 때문입니다.

창조에서부터 종말과 심판으로 이어질 구속사에서 하나님의 자기계시와 행동은 정의와 함께 사랑과 긍휼이라는 성품을 통해 나타났습니다. 이러한 하나님의 사랑을 우리는 디아코니아(diakonia)라고 말합니다. 성경이 기록될 당시의 냉엄하고 포악한 군주가 아니라 하나님은 독생자까지 아낌없이 우리를 위해 주신 인자하신 하나님이었습니다. 나눠주고 베풀고 사는 모습은 하나님의 형상으로 지음 받은 회복된 영성으로 살아가는 것이요 예수 그리스도를 본받는 행위인 것입니다.

선교만을 중시하고 나눔에 대해서는 선택사항으로 인

식하는 사람들이 적지 않습니다. 하지만 나눔의 삶은 예수 그리스도께서 본을 보이셨습니다. 초대교회의 사도들과 성도들이 지속적으로 실천해 온 덕목입니다. 바울서신은 계속해서 선행을 독려하고 있습니다. 선행은 마태복음 25장의 양과 염소의 비유에서와 같이 심판과 상급의 기준이 될 것입니다. 왜냐하면 지극히 작은 자 한 사람에게 행한 일을 주님께 한 행동과 같은 것으로 인정하실 것이기 때문입니다.[12]

기독교의 나눔과 봉사는 구약시대부터 이어온 하나님의 명령입니다. 세상에는 자발적인 빈곤을 선택한 사람들도 있지만 가난하기를 원하는 사람은 거의 없을 것입니다. 어쩔 수 없이 가난하게 된 사람들−전쟁, 천재지변, 질병, 가족해체−고아와 과부, 나그네(객), 타국인으로 통칭되는 사회적 약자들은 돕는 손길이 없다면 살아갈 수 없는 사람들입니다. 선지자 이사야는 학대받는 자

---

12) 성경은 인간이 하나님의 형상의 회복 차원에서, 인간의 범죄와 타락 이후에도 여전히 사랑(Agape)과 긍휼과 자비를 베푸시는 하나님의 디아코니아와 구원사역에서 그리고 출애굽 사건과 율법(십계명), 안식일, 안식년, 희년제도, 고엘(Goel)제도 등을 통해 역사에 개입하시는 하나님의 구원의 역사와 예수 그리스도의 교훈과 공생애와 십자가의 희생을 통해 보여준 사랑에서 이웃사랑의 실천이 무엇인지를 확실하게 보여주고 있습니다.

들을 도와주고 고아를 위하여 신원하며 과부를 위하여 변호하라고 했습니다.(사1:17) 예레미야는 이방인과 고아와 과부를 압제하지 말라고 했습니다.(렘7:6) 십일조와 안식일 개념도 결국 사회적 약자들을 배려하기 위한 것이었습니다.

빈곤문제는 경제적인 부분이 우선시되어 왔으나 그것은 경제적인 영역에 한정될 수 없습니다. 현대 글로벌 경쟁시대에서 사회적 양극화는 심화될 수밖에 없고, 다원주의 사회의 특성상 물질적으로는 풍요롭게 살아가는 현대인들이라 할지라도 정서적으로, 정신적으로, 영적으로 빈곤과 결핍, 질병으로 인해 교회의 도움을 필요로 하는 분야들이 곳곳에 많기 때문입니다.

경제적 빈곤의 문제는 어제 오늘의 일이 아니라 역사가 지속되는 한 항상 계속될 것입니다. 가난의 원인은 다양합니다. 홍수나 가뭄 등 천재지변, 전쟁, 질병, 가족의 사별, 실업 등 경제력을 상실한 것이 원인이 되기도 하며, 개인의 게으름, 방탕한 생활 역시 그 원인이 되기도 합니다. 사회구조상 기득권층의 착취와 부당행위, 사회의 부패와 권력남용 등도 가난의 문제를 벗어나지 못하게 하고 해결하지 못하게 만드는 요인입니다. 다국적 국제자본의 횡포와 환율전쟁, 제3세계가 겪고 있는 구조적인 문제도 지적하지 않을 수 없습니다. 그리스도인은 물질뿐만 아니라 신자들에게 주어진 은사나 재능 역시 나눔의 삶을 살도록 하나님께서 맡겨주신 것이라는 청지기의 정체성을 갖고 살아야 할 사람들입니다.

3)나눔은 이웃사랑이며 교회에 부여된 사명이기 때문입니다.

교회는 봉사가 하나님으로부터 비롯된 신앙의 본질이며 교회의 사명이라는 사실에 근거하여 봉사를 실행해 나갈 수 있어야 합니다. 그것은 선택사항이 아니라 공동체의 공존과 공생을 위해 역사적 교회가 끊임없이 지속해 왔고 또 지속해 나가야 할 지상과제인 것입니다. 교회는 봉사에 대한 분명한 개념과 정체성을 회복하고 가르치며 지도자들부터 솔선수범해야 합니다. 크고 작은 교회의 역량과 교회 간의 협력을 통해 사회의 욕구와 필요를 따라 때로는 국경을 초월하여 섬김을 실행할 수 있어야 합니다. 그것은 교회가 하나님의 손에 들려진 도구로서 교회의 본질과 사명을 회복하는 길이며, 하나님의 나라를 확장해 나가는 일이며, 하나님의 정의를 실현해 나가는 길이기 때문입니다.

교회가 세상을 섬기는 일은 구제나 자선(선행)을 통해 자기 존재를 효율적으로 알리고자 함이 아닙니다. 복음을 효율적으로 전파하기 위한 교회의 이미지 관리 차원의 전도전략도 아닙니다. 그것은 하나님의 명령이며 예수께서 섬김의 삶을 통해 보여주신 바 성경에 입각한 기독교 신앙과 삶의 내용인 것입니다. 그러므로 역사적 교회는 하나님의 명령을 따라 순종하고자 하였고 교회적으로나 개인적으로 사랑을 실천하는 삶을 가장 이상적인 삶의 모델로 여겨왔던 것입니다. 그리스도인으로서 일하고 수고하는 이유는 의식주의 자급자족을 위한 것도 있지만 약한 사람들을 돕기 위해 수고하는 것이라고 바울 사도는 역설합니다.(행20:35)

교회는 세상(사회)을 섬기는 봉사의 가치를 재발견하고 실천함으로써 건강한 교회상을 보여주어야 합니다. 그러기 위해서는 먼저 세상을 보는 시각에 변화가 있어야 합니다. 세상은 죄로 인해 필연적으로 멸망을 향해 가는 교회와 분리된 세속의 영역이 아니라 그리스도인들의 삶의 현장이며 선교의 장(場)이라는 이해가 필요합니다. 교회가 존재하는 이유는 이러한 세상을 섬기기 위해서라는 인식의 전환이 필요한 것입니다. 교회는 사랑의 실천을 통해서만 교회의 본질을 회복하고 정체성을 분명히 드러낼 수 있습니다. 그러므로 이웃사랑의 참된 의미를 발견하고 하나님사랑과 이웃사랑을 실천하는 것이 교회의 일상적인 사역이 되어야 할 것입니다.

주는 기쁨은 받는 기쁨보다 더 큰 기쁨을 가져다줍니다. 작은 어린아이 하나에게 베푼 선행을 주님께 한 행동으로 인정하시고 상급을 약속하신 주님의 말씀에 귀를 기울여 봅시다. 여러분의 기본자산은 최소한 한 달란트(10억) 이상의 가치를 가지고 있습니다. 한 달란트의 가치는 노동자가 약 20년간 일을 해야 모을 수 있는 금액이기 때문입니다.[13] 그러므로 먼 훗날 여유 있을 때를 기다리기보다 성령 안에서 지금 내가 할 수 있는 범위에서 주변에 사랑의 손길을 펴 보십시오. 주는 자에게 더 주시는 기적을 경험하게 될 것입니다.(잠11:25)

---

13) 한 달란트의 가치는 노동자가 약 20년간 일을 해야 모을 수 있는 금액입니다.

나가는 글

하나님 앞에서 참된 그리스도인으로 심령이 가난한 자, 애통하는 자, 온유한 자, 의에 주리고 목마른 자, 마음이 청결한 자가 되고 사람들을 향하여 긍휼히 여기는 자, 화평케 하는 자, 의와 진리를 위해 불의와 타협하지 않고 기꺼이 고난을 각오하며 살아가십시오. 복 있는 자의 길을 걸어갈 때 내 심령 속에, 내가 속한 집단이나 공동체에 하나님나라가 확장될 것입니다.

복 있는 자의 삶은 복 있는 자의 길을 걸어가는 사람들에게 주어지는 하나님의 은혜입니다. 하나님의 정의와 평등을 실현하여 사랑과 평화가 가득한 하나님나라를 이 땅에 구현하는 사역과도 연결됩니다. 그러므로 그리스도인은 예수정신과 신앙의 정체성을 확립해 나가야 하고 성령 안에서 자신을 하나님 앞에 합당한 자로 세워 나가며 사람들 앞에서 존경받는 자로 세워 나갈 수 있어야 할 것입니다.

그리스도인은 참된 인격 형성과 더불어 한 걸음 더 나아가 사회적 약자와 하나님을 등지고 살아가는 인생들에게 참된 인생의 방향 제시를 할 수 있어야 합니다. 구원과 복음에 대한 지식을 품고 자기만족에 빠져 살아가는 것은 신앙생활이 아닙니다. 단순히 경제적인 차원의 구제나 봉사 외에도 결핍과 심리적 소외와 열등의식과 상대적 박탈감, 정신적 고뇌와 방황, 육체적 질병과 방탕, 삶의 의미 상실 등 인생문제 전반에 대해 기독교 가치관을 갖고 함께 해결을 모색해 나가는 단계까지 사역의 범위를 확대해 나갈 수 있어야 할 것입니다. 그것은 먼저 된 자의 의무이기도 한 것이기 때문입니다.

말씀순종을 통한 그리스도인의 하나님의 형상 회복과 인격성숙은 교회성숙으로 이어져 교회적으로는 지역사회를 사랑으로 섬기고 봉사하는 교회상을 정립하게 되고 사회공동체에 기여하게 되며, 세상으로부터 긍정적인 평가를 받으며 주어진 사명을 감당하게 될 것입니다. 사랑을 실천하는 교회는 영적으로 건강한 교회입니다. 일반적으로 교회에 대한 평가 기준이 예배당 건물과 시설 수준, 교인 수 그리고 교회 예산에 따라 이루어지지만 하나님의 말씀을 기준으로 평가한다면 그것은 허상에 불과합니다. 하나님의 시선으로 본다면 진정으로 섬김의 비전을 가지고 있으며, 비전에 충성하고 헌신하는 사람들이 얼마나 있는지, 얼마나 역동적으로 하나님의 일을 수행하고 있는지가 중요하기 때문입니다.

나의 달려갈 길을 마치고

어제는
어떻게 살아왔나요
좋은 관계를 가졌나요
무슨 열매를 맺었나요
착하고 충성된 종이었나요
악하고 게으른 종이었나요
어디서 무엇을 하였나요

오늘은
믿음을 지켰나요
최선을 다했나요
부끄러움은 없나요
믿음은 진실이었나요
타인에게 친절했나요
선행은 가식이 아니었나요

내일은

어떻게 살 건가요

나의 발목을 잡는 것은

오만과 편견과 자존심

편안함과 배부름과 게으름

그것을 버릴 수 있나요

세상을 더 사랑했던 부자 청년처럼

바울을 떠났던 데마처럼

돌아가고 싶으세요

어서 일어나 주님을 따르십시오

-필자의 시집
『순례자의 길을 가는 사랑하는 그대에게』에서

팔복八福 그리고 또 하나의 복
−이것이 그리스도인의 삶이다−

초판 1쇄 발행 2023년 7월 12일

지은이 | 김윤홍
만든이 | 이한나
펴낸이 | 이영규
펴낸곳 | 도서출판 그린아이

등록 연월일 | 2003. 12. 02.
등록 번호 | 제2-3893호
주소 | 서울특별시 은평구 녹번로 6-11, 201호
전화 | 02)355-3035
이메일 | gmh2269@hanmail.net

ISBN 979-11-91376-19-7

.